Foreign Studies on Marxism and Socialism Series
国外马克思主义和社会主义研究丛书
顾问　徐崇温　　主编　李慎明

国家出版基金项目
NATIONAL PUBLICATION FOUNDATION
重庆市出版专项资金资助项目

马克思主义政治经济学
理论、历史与现实意义

〔英〕鲍勃·米尔沃德 著　李中强 译

重庆出版集团　重庆出版社

图书在版编目（CIP）数据

马克思主义政治经济学：理论、历史与现实意义 / （英）鲍勃·米尔沃德著；李中强译. -- 重庆：重庆出版社，2025.3. -- ISBN 978-7-229-19234-1

Ⅰ. F0-0

中国国家版本馆CIP数据核字第20241FB384号

MARXIAN POLITICAL ECONOMY:THEORY,HISTORY AND CONTEMPORARY RELEVANCE by Bob Milward

Copyright © PALGRAVE MACMILLAN, A DIVISION OF MACMILLAN PUBLISHERS LIMITED 2000

This edition arranged with PALGRAVE MACMILLAN LTD U.K.through Big Apple Agency, Inc.Labuan, Malaysia

Simplified Chinese edition copyright © 2025 Chongqing Publishing House Co., Ltd. All rights reserved.

本书简体中文版由英国帕尔格雷夫·麦克米伦出版公司（PALGRAVE MAC-MILLAN LTD U.K.）通过大苹果公司授权出版。

马克思主义政治经济学:理论、历史与现实意义
MAKESI ZHUYI ZHENGZHI JINGJIXUE: LILUN、LISHI YU XIANSHI YIYI

〔英〕鲍勃·米尔沃德　著　　李中强　译

责任编辑：李　茜
责任校对：刘　艳
装帧设计：刘沂鑫

重庆出版集团
重庆出版社 出版

重庆市南岸区南滨路162号1幢　邮编：400061　http://www.cqph.com
重庆出版社艺术设计有限公司制版
重庆天旭印务有限责任公司印刷
重庆出版集团图书发行有限公司发行
E-MAIL:fxchu@cqph.com　邮购电话：023-61520678
全国新华书店经销

开本：700mm×980mm　1/16　印张：15.00　字数：190千
2025年3月第1版　2025年3月第1次印刷
ISBN 978-7-229-19234-1

定价：60.00元

如有印装质量问题，请向本集团图书发行公司调换：023-61520678

版权所有　侵权必究

"国外马克思主义和社会主义研究丛书"
编委会名单

编委会顾问： 徐崇温

编委会主任： 李慎明

编委会副主任： 邵文辉　张拥军　陈兴芜

编委（按拼音字母顺序排列）：

陈学明　陈众议　程恩富　邓纯东　段忠桥　郝立新
侯惠勤　胡振良　黄　平　姜　辉　梁树发　刘同舫
鲁品越　王凤才　韦建桦　徐俊忠　颜鹏飞　张　宇
张树华　张顺洪　张一兵　周　弘

| 丛书总序 |

在学习借鉴中发展 21 世纪马克思主义和当代中国马克思主义

李慎明[*]

习近平总书记在哲学社会科学工作座谈会上的重要讲话中明确指出:"我国哲学社会科学的一项重要任务就是继续推进马克思主义中国化、时代化、大众化,继续发展 21 世纪马克思主义、当代中国马克思主义。"[①]这一要求,对于我们在新的历史起点上坚持和发展马克思主义,具有重大的现实意义和深远的历史意义。

为深入贯彻落实习近平总书记重要讲话精神,在中宣部理论局指导下,中国社会科学院世界社会主义研究中心会同重庆出版集团选编了这套"国外马克思主义和社会主义研究丛书"。经过众多专家学者和相关人员的辛勤努力,终于开始奉献在广大读者的面前。

进一步加强国外马克思主义研究,是坚持以马克思主义为指导、坚持和发展中国特色社会主义的需要。2013 年 1 月 5 日,习近平总书记在新进中央委员会的委员、候补委员学习贯彻党的十八大精神研讨班开班式上的重要讲话中明确指出:"中国特色社会主义是社会主

---

[*]李慎明,十二届全国人大常委、内务司法委员会副主任委员,中国社会科学院原副院长,中国社会科学院世界社会主义研究中心主任、研究员。

[①]《人民日报》,2016 年 5 月 18 日。

而不是其他什么主义,科学社会主义基本原则不能丢,丢了就不是社会主义。"[1]在哲学社会科学工作座谈会上的重要讲话中,他又强调指出:"坚持以马克思主义为指导,是当代中国哲学社会科学区别于其他哲学社会科学的根本标志,必须旗帜鲜明加以坚持。"[2]2008年国际金融危机对西方国家的影响和冲击至今仍未见底,这是生产社会化直至生产全球化与生产资料私人占有这一根本矛盾的总爆发,本质上是资本主义经济、制度和价值观的危机。经济全球化、新的高科技革命和世界多极化都在深入发展,各种政治理论思潮此起彼伏。马克思主义的"幽灵"重新徘徊在发达的资本主义社会上空。全球范围内的马克思主义和左翼思潮也开始复兴。中国特色社会主义已巍然屹立于当今世界之林。在强大的事实面前,即便是一些西方学者,也不得不承认马克思主义的强大生命力和对西方社会的重要影响力。西方国家的一些马克思主义研究者或信仰者说得更为深刻。日本著名作家内田树呼唤道:"读马克思吧!""读过马克思之后,你会感觉到你自己思考的框子(或者说牢笼也可以)从外面被摇晃着,牢笼的墙壁上开始出现裂痕,铁栅栏也开始松动,于是你自己就会领悟到原来自己的思想是被关在一个牢笼当中啊。"[3]这些都充分说明,马克思主义的基本原理和科学社会主义的基本原则绝没有过时。对这些基本原理和基本原则,我们在任何时候和任何情况下都必须毫不动摇地坚持。正因如此,习近平总书记多次强调我们党要坚持以马克思主义为指导,哲学社会科学研究工作要以马克思主义为指导,强调全党特别是党的中高级干部要认真学习马克思主义的经典著作,强调哲学社会科学工作者

---

[1]《十八大以来重要文献选编(上)》,中央文献出版社,2014年9月第1版,第109页。
[2]《人民日报》,2016年5月18日。
[3][日]内田树、石川康宏:《青年们,读马克思吧!》,于永妍、王伟译,红旗出版社,2013年10月第1版,第26页。

要认真学习马克思主义的经典著作。进一步加强国外马克思主义研究,积极借鉴国外有益经验和思想成果,无疑有助于我们在新的形势下更好地理解马克思主义的基本原理和科学社会主义的基本原则,以更好地坚持以马克思主义为指导,推进中国特色社会主义事业健康发展。

进一步加强国外马克思主义研究,是发展21世纪马克思主义、当代中国马克思主义的需要。中国是个大国。不仅是世界上最大的发展中国家,而且是世界上最大的社会主义国家;经济规模是世界第二;人口是世界人口的1/5。而且,中国有着马克思主义中国化的丰硕成果以及5000多年的优秀文化传统。新中国成立至今,特别是冷战结束至今,无论是国际还是国内实践,都为我们坚持和发展马克思主义提供了正反两方面的十分丰厚的沃壤。当今世界正在发生十分重大而深刻的变化,当代中国正在进行着人类历史上最为宏大而独特的实践创新,也面临着许多可以预料和难以预料的新情况新问题。习近平总书记指出:"这种前无古人的伟大实践,必将给理论创造、学术繁荣提供强大动力和广阔空间。这是一个需要理论而且一定能够产生理论的时代,这是一个需要思想而且一定能够产生思想的时代。我们不能辜负了这个时代。"① 我们在坚持马克思主义基本原理的同时,决不能固守已有的现成结论和观点,必须结合当今的世情、国情、党情和民情,以与时俱进、奋发有为的姿态,解放思想、实事求是,坚持真理、修正错误,创新和发展21世纪的马克思主义和当代中国的马克思主义。

进一步加强国外马克思主义研究,是更加积极借鉴国外马克思主义研究有益成果的需要。改革开放以来,我国马克思主义研究步入了新的发展阶段。译介、研究和借鉴国外的马克思主义研究著作,成为马克思主义研究一个不可或缺的组成部分。20世纪70年代末,我国

---

① 《人民日报》,2016年5月18日。

的国外马克思主义研究进入一个新的阶段,西方各种思潮包括"西方马克思主义"也一并进入中国,引起了学术界的关注。随着东欧剧变和苏联解体,20世纪90年代初期我国对国外马克思主义的研究曾一度收缩。随着改革开放的深入,90年代后期又开始逐步扩大,到21世纪头10年又进入了新的高速发展时期。作为深入实施马克思主义理论研究和建设工程的重要内容,2005年12月,我国设立了马克思主义理论一级学科,国外马克思主义研究成为其中一个重要的二级学科。应该说,经过近40年的发展,我国国外马克思主义研究取得了长足的进步,结出了丰硕的成果,为增强马克思主义的影响力和说服力注入了新的内容,同时也为增强人们对中国特色社会主义的道路自信、理论自信、制度自信、文化自信,提供了有价值的理论资源。但同时也要清醒地看到,我国国外马克思主义研究所取得的成果,与它理应承担的使命、任务相比还存在不小差距。虽然国外马克思主义研究的前沿流派和代表人物不断被引介过来,一些比较新奇的观点也令人有眼花缭乱之感,但总体上看,国外马克思主义研究并不尽如人意,一些问题也越来越突出。比如,在表面的繁荣之下,有的被研究对象牵着鼻子走,失去了曾经清晰的目标;有的陷入至今仍未摆脱的迷茫和瓶颈期。又比如,在国外马克思主义研究过程中,有的缺乏辩证思维,把"西方马克思主义"奉为圭臬,认为它富有"新思维",是马克思主义的新发展;有的甚至把列宁、斯大林时期的马克思主义和中国的马克思主义看作是"走形变样"的政治话语,是"停滞、僵化的马克思主义"。国内外也有一些人企图用黑格尔来否定马克思,用马克思来否定列宁,用否定列宁来否定中国的革命、建设和改革开放,进而企图把中国的社会主义现代化建设和改革开放引入歧途。

虽然造成上述状况的原因是多方面的,但翻译性学术著作和资料的数量有待进一步拓展、质量有待进一步提升,也是其中的重要原因。总的看,目前国外马克思主义研究著作虽已有许多被译成中文出版,但整体上并不系统,而且质量参差不齐。

从借鉴国外马克思主义研究有益成果,发展 21 世纪马克思主义、当代中国马克思主义这一宗旨出发,在新的条件下继续翻译出版"国外马克思主义和社会主义研究丛书",必将有助于我国学界更加深入、系统地研究国外马克思主义。这套丛书的出版,可以说是对国外马克思主义研究成果的一次重新整理,必将有利于我们进一步深化国外马克思主义研究,在借鉴国外马克思主义研究的有益资源过程中,为繁荣发展 21 世纪马克思主义、当代中国马克思主义作出新的贡献。

经过比较严格的遴选程序进入这套丛书的著作,主要聚焦和立足马克思主义理论研究,既注重立场性、代表性、权威性和学术性的统一,又兼顾时代感和现实感。

这里特别需要指出的是,由于我们的能力、水平有限,这篇总序和有的书中的简评,或许还存在这样那样的不足,敬请各位读者不吝指教。不妥之处,我们将及时修正。

我们希望,这套丛书既能够在理论界、学术界,同时又能够在广大党员干部中产生一定影响,以期不断加深人们对马克思主义和社会主义的理解、把握和认同。

是为序。

2016 年 12 月 1 日

插图目录

图 2.1　经济结构的首要性……………………………… 24
图 11.1　劳动力市场的调整…………………………… 148
图 11.2　凯恩斯主义的失业论-1……………………… 152
图 11.3　凯恩斯主义的失业论-2……………………… 152
图 11.4　菲利普斯曲线………………………………… 155
图 11.5　非加速通货膨胀失业率……………………… 156
图 11.6　(a-e) 失业率（平民劳动力百分比）……… 160
图 11.7　(a-e) 每小时收入增长情况（制造业）…… 162

列表目录

表 4.1　价值转化为价格 …………………………………… 48
表 5.1　马克思的转化程序 ………………………………… 59
表 5.2　利润转化为平均利润 ……………………………… 63
表 10.1　1995 年世界顶级跨国公司 ……………………… 140
表 10.2　1876—1913 年间世界贸易分布（％）………… 143
表 10.3　1830—1914 年间英国对外投资地区分布（％）……… 144
表 11.1　1920—1938 年的失业率 ………………………… 149
表 11.2　1874—1973 年七个工业化国家的平均失业率（％）… 150
表 11.3　1950—1970 年的失业率（％）………………… 154
表 12.1　政府总支出（总额）（百万英镑）……………… 167
表 13.1　1900—1995 年福利开支 ………………………… 188
表 13.2　按职能划分的一般性政府实际开支 …………… 189
表 13.3　公共部门净现金需求 ……………………………… 192

符号说明

M 货币
L 劳动力
C 商品资本
K 商品生产所必需的资本
c 不变资本
v 可变资本
s 剩余价值
λ 总劳动价值
r 利润率
∈ 剥削率
c′ 已用资本
π 利润
ψ 成本价格
w 产出
k 资本有机构成
P 生产资本
R 总利润
g 经济活动率

致谢

我首先要感谢同事,特别是布莱恩·阿特金森(Brian Atkinson)、保罗·麦基翁(Paul McKeown)和皮特·贝克(Peter Baker),感谢对本书的初稿提出的建议。多年来,与学生的探讨也让我获益良多,帮助我厘清了思想中几个混乱的地方,由此得以成书。诚挚地希望各方不吝赐教,因为,只有通过批评和辩论才能启迪心智。尽管获助良多,但本书中的任何错误和疏漏,均由我一人承担。

我要感谢以下机构允许我使用它们的版权资料:

New Left Review for Karl Marx, Capital, Volume 1, translated by Ben Fowkes, Harmondsworth, Penguin, 1976; Karl Marx, *Capital*, Volume 2, translated by David Fernbach, London, 1978; Karl Marx, *Capital*, Volume 3, translated by David Fernbach, London, 1981. Routledge for tables 10.2 and 10.3 from A. G. Kenwood and A. L. Lougheed, *The Growth of the International Economy*, 1992. Cambridge University Press for table 11.1 from W. R. Garside, *British Unemployment 1919–1939: A Study in Public Policy*, 1990. Pearson Education Limited for table 6.1 from M. C. Howard and J. E. King, *The Political Economy of Marx*, Harlow, Longman, 1985. Lawrence & Wishart for Karl Marx, *Theories of Surplus Value*, Volume Ⅲ, 1972. Progress Publishing for Karl Marx, *The Eighteenth Brumaire of Louis Bonaparte*, 1977. Oxford University Press for table 10.1 from R. Kozul-Wright and R. Rowthorn, 'Spoilt for choice? Multinational corporations and the geography of international production', *Oxford Review of Economic Policy*, 1998, and for table 13.1 from H. Glennerster and J. Hills (eds), *The State of Welfare: The Economics of Social Spending*, 1998, and for table 11.2 from R. C. O. Matthews et al., *British Economic Growth 1856–1973*, 1982.

如果本人无意中忽略了其他版权人,我将尽早作出必要的弥补。

最后,我还要感谢麦克米伦的组稿编辑们,感谢给予我的帮助和指导,感谢安尼·拉菲克(Anne Rafique)对手稿进行了细致、专业的编辑。

鲍勃·米尔沃德

目　录

丛书总序 …………………………………………………………1
插图目录 …………………………………………………………1
列表目录 …………………………………………………………1
符号说明 …………………………………………………………1
致谢 ………………………………………………………………1

1　绪论 ……………………………………………………………1

第一部分　理论与历史

2　马克思的方法 ………………………………………………15
3　价值理论 ……………………………………………………31
4　马克思对古典政治经济学的批判 …………………………42
5　转化问题——复杂的迂回路线 ……………………………57
6　资本主义动力学 ……………………………………………74
7　资本积累与技术变革 ………………………………………92
8　利润率下降趋势与产品实现危机 …………………………104
9　米哈尔·卡莱斯基和皮埃罗·斯拉法 ……………………116

第二部分　历史与现实意义

10　垄断资本主义 ……………………………………………133
11　失业 ………………………………………………………147
12　公共部门 …………………………………………………166

· 1 ·

13 福利国家的危机 …………………………………………179
14 结论 ……………………………………………………196

注 ……………………………………………………………203
词汇表 ………………………………………………………214

1 绪论

在21世纪之初，写一本考察马克思著作的经济学、哲学和社会现实意义方面的书，需要解释一下为什么这样一本书对于我们理解当今世界仍然具有重要的作用。有人可能会认为，资本主义业已战胜了共产主义。毕竟，苏联已经解体，其解体后产生的主权国家委身于西方经济体系。在其他地方，古巴似乎身陷严重的经济问题，越南实施了结合市场交换的高度外向型贸易战略，南斯拉夫深陷内战的泥淖，社会失序，暴力横行。随着国家社会主义的消退，有人开始对马克思作为重要的理论家和哲学家的价值进行修正，取而代之的是：资本主义远非濒临崩溃，实际上在日益繁荣和"民主"的框架内，它是能够高效分配资源的唯一体系。那么，为什么有必要重新审视马克思的著作，并认为马克思在今天和在19世纪下半叶一样具有现实意义？答案藏身于理论和实用性论据的多个层面。有人贬低马克思，认为他对资本主义的批判固然妙趣横生，但终究徒劳无益，对此，我们要重新进行评价。或许，资本主义大获全胜，但却使得失业、贫困、不平等、毒品和性交易肆意横行，最发达的资本主义国家几乎无一幸免。在更大范围来看，资本主义对国与国之间的不平等坦然受之，世界上大多数人口处于绝对贫困，而极少数人则大肆挥霍，浪费稀缺资源。[1]随着市场的崩溃，破产的增加，资本主义所产生的经济衰退更加频繁，影响更加持久，整个经济都陷入危机之中。随着资本主义自身越来越全球化，其地理范围也日益扩大，故而使得远东地区发生的事件会对拉丁美洲、北美和欧洲产生影响，不仅在金融市场，而且还在就业和收入水平方面产生影响。因此，如果认为国家社会主义已经崩溃，除了资本主义之外别无选择，无异于将人类托付给一个不平等的社会，通过激励和失业来确保持续获得利润，利用贫困来维持社会等级和系统性动荡，而这恰恰是资本主义制度所普遍存在的。

此外，我们所谓的"资产阶级"经济理论发现，自己对于当代资本主义持续不断的危机根本解释不清。经济学界分裂为相互对立的思想流派，其中较为知名的是新凯恩斯主义、新李嘉图主义、新奥地利主义、供给学派和混沌学派。其中有些属计量经济学派，试图通过数学公式的计算来解释为什么资本主义与周期性危机相伴相生。他们都无法解释资本主义危机为什么难以摆脱，而是试图通过在支持其经济实用主义派别的期刊上发几篇文章，来推进研究，并诋毁对手（参见 Harman,1996;Ormerod,1994）。马歇尔（Marshall）、杰文斯（Jevons）、门格尔（Menger）和瓦尔拉斯（Walras）这些边际主义学派仍然恪守新古典主义的分析框架，放弃了亚当·斯密和李嘉图所代表的客观价值尺度，同时保留了自由市场方法："看不见的手"和比较优势。基本上，现在的资产阶级经济学与边际主义革命（marginalist revolution）时提出的那些东西并无二致，如"供给创造自己的需求"的萨伊定律（Say's Law），瓦尔拉斯的拍卖者一般均衡分析以及通过个人效用的主观"衡量"得出自由市场中个别商品的价格。这些经济学家分析的前提是，他们所描绘的经济系统是最好的，是可能存在的最佳的稀缺资源分配系统，因此可以将这一系统描述为"经济民主"制度，在这一制度中，人人都有投票权，货币就是选票，通过货币在竞争性商品之间进行选择。[2]由此产生一个所有资源都以最有效的方式分配，所有个体都能最大限度地发挥效用的社会。有些经济学家对于偏离这种理想的情况也予以接受，特别是马歇尔，但任何所需要的干预，特别是国家干预，都必须符合新古典主义所提出的"定律"。但是，要在模型中实现最优，就要涉及必要的假设，而假设所需要的真实情况是缺失的，同时也缺乏动态性，也就是无法在分析中考虑时间因素，这是该理论存在的主要问题。其结果是产生了资本主义经济的"正统"模式，这种模式所要求的假设既不符合事实，也与对高度动态的生产和交换系统所做的静态分析相悖。凯恩斯挑战了萨伊定律以及需求和供给曲线在定价，特别是在确定工资中的至高无上的地位，从而调和了新古典主义理论。虽然凯恩斯承认在某些政策领域，特别是失业方面，仅靠市场无法实现自由市场最优性质，但是自由市场最优性的中心主题基本上是完好无损的。然而，凯恩斯（Keynes）的《通论》（General Theory）基本上还是恪守了新古典主义传统，战后凯恩斯主义经济政策共识崩溃，自然导致其回归到基于同一新古典主义"正统"理论的战前传统。从而导致了这样一种情况：对于主流经济理论所倡导的经济制度所造成的社会问题，这一理论无法制定一套规范的政策予以解决。有些人试图寻求所谓的"第三条道路"，认为如果像20世纪50年代的"黄金时代"那样，运用凯恩斯主义的干预主义手段，再结合自由市场，就可以解决所产生的社会问题，但这种说法并没有真正理解资本主义制度的运动定律（参见Giddens, 1998; Hutton, 1996）。因此，就有人主张继续保持不受约束的资本主义市场，有的人则试图改革资本主义，即一方面保留自由市场，一方面通过干预消除资本主义的反社会因素。显而易见，这两种方法都没有成功过，事实上，在将来也很难取得成功。

因此，本书旨在说明为什么马克思以及其诸多追随者的著作对于经济学、政治学、社会学和哲学等专业的学生来说仍然具有非凡的意义。谁理解了马克思主义政治经济学，谁就获得了一种思想体系，用这一思想体系评价社会的方方面面，将历史环境置于语境之中，挑战新古典经济学的正统观念。马克思代表了一种社会科学传统，这一传统认为要兼容并蓄，不要将注意力只放在我们现在所划分的社会科学中的独立学科上。因此，马克思的著作集经济学、社会学、哲学、政治学和历史学于一身。马克思的著作在哲学方面从黑格尔（Hegel）获益良多，在经济学方面从斯密（Smith）和李嘉图（Ricardo）获益匪浅，在政治学方面从费尔巴哈（Feuerbach）、蒲鲁东（Proudhon）和傅立叶（Fourier）收获颇丰，故而，对哲学家而言，马克思首先是哲学家；对于社会学家来说，马克思本质上是一位社会学家；对于经济学家来说，马克思是一位真正的政治经济学家。然而，上述对马克思的思想有所启发的人都不会认同马克思的分析；马克思既不是黑格尔主义者，也不是古典经济学家，但可以认为马克思同时具备两种学派传统，马克思批判了自己所处时代的理论，分析了资本主义发展的合理性，从而作出了自己的学术贡献。因此，马克思的观点集所有社会科学之大成，故而哲学家、社会学家和经济学家都可理所当然地将马克思的理论归于他们各自的学科。本书认为，尽管马克思的思想将上述内容集于一身，但就其本质而言，马克思的哲学、社会学和政治学是植根于经济学的，故而经济分析是马克思理论的核心。这种将不同学科融于一身的做法确实产生了一种完全不同的范式，运用这一种独特的方法，社会科学家可以从各个不同的视角来审视这个世界。因此，本书使得上述所有学科的学生以及其他人有机会能够更深刻地理解马克思的著作，能够就当今社会所面临的诸多问题使用马克思的思想进行符合逻辑而又连贯的论证。

这本书分为两个部分，既相互独立，又密切相关。第一部分结合历史环境考察了马克思的方法和理论。马克思著作中某些部分存在不太清晰的地方，同时，马克思原著中对"正统"理论的意义反应过于激进,从而产生了困惑³,成为难点,进而引发了争论。第一部分也探讨了这些难点和争论。第二部分思考了第一部分所述框架的历史和现实意义,重点是对于21世纪初发达的资本主义经济所面临的诸多问题,马克思主义政治经济学有什么样更深入的启示。

第一章是绪论。第二章研究了马克思所采用的方法,并展示了这种方法如何作为一种独特的,但终归为合乎逻辑的方式来分析资本主义的内在逻辑。对于许多人而言,马克思的方法与众不同,还有点让人摸不着头脑。但是,可以将这种独特的方法视为替代自然科学型经济分析中所使用的方法。该方法起源于黑格尔,包括使用辩证法,在分析中强调资本主义的动力,但马克思对黑格尔的政治哲学进行了批判,也使得马克思发现了经济学的重要性和历史的原动力。由此,马克思能够构建一个动态的分析,以经济学为基础,囊括了阶级冲突,但这一分析需要首先对存在的矛盾有所理解,然后对整个系统进行全面的理解。因此,有人认为,马克思的方法很独特,挑战了所谓的主流方法,引发了"正统"方法对它的不断攻击。但是,如果要在随后讨论马克思主义政治经济学时避免出现混淆和错误的批评,理解马克思的方法是必不可少的。特别需要注意的是,辩证法和经济结构的首要地位是分析框架所依据的核心结构。

在第三章中,我们研究了价值理论,对马克思而言,这一理论牢牢地植根于18和19世纪古典政治经济学的剩余价值传统。然而,价值关系是资本主义生产关系所特有的,因此价值构成了一种社会关系,因为只有在资本主义中,产品才会呈现为商品的形式,几乎是专门为交换而生产的。争论纷至沓来,首先是劳动价值理论是否有效,其次是对于确定资本主义利润的起源,劳动价值论是否是不可或缺的。然而,有人认为劳动价值论是分析资本主义经济的一个关键因素,不是因为如果没有劳动价值论,马克思理论无法成立,而是因为使用劳动价值论可以洞察资本主义经济中剩余的生产和分配。所以，如果缺少了劳动价值论，分析的深度将大大减弱。这促使在第四章中探讨马克思为什么要先批判古典政治经济学家，然后才形成了自己的经济学理论，这是因为马克思需要纠正其所认为的经典价值定律中的基本错误，包括区分劳动和劳动力，厘清资本理论、工资理论、竞争理论和所谓的"转化问题"。然后，马克思才能够展示出古典经济学家在逻辑上的不一致，从而纠正根本性的错误，构建一个资本主义所特有的综合性理论。

第五章致力于讨论马克思著作中可能最具争议性，同时争论颇多的问题，即转化问题。我们认为，争论可以分为两类，一类认为价值转化为价格是马克思分析中的根本性缺陷，另一类认为在这个问题上人们对马克思理解不正确，从而曲解了马克思。因此，这一章试图通过研究马克思在《资本论》第三卷第九章中实际所著的内容来严格效仿马克思的程序，然后讨论并批评所谓的"解决方案"，以证明为什么有人要采用"复杂的迂回路线"，而这些人认为这种"迂回"代表了马克思主义模式的根本缺陷。接下来，在第六章中，通过考察资本主义生产关系的动态特性，从发展阶段概念和原始积累的作用入手，就历史上的圈地运动、最近热烈讨论的原始工业化在资本主义发展中的作用，以及原始工业化与马克思主义政治经济学的相关性，论述了马克思所探讨的资本主义制度的核心特征。通过研究多边贸易（其关键部分是奴隶贸易）的作用，我们认为国际贸易是原始积累的一个要素。本章先解释了资本家获得生产资料的方式，然后探讨马克思的简单再生产和扩大再生产模型，即静态资本主义经济模型和不断增长的资本主义经济模型。需要强调的是，马克思在这里并不是要尝试研究增长的过程，而是希望揭示生产阶段所创造的利润是如何在流通过程中实现的，并说明资本主义模式的动态性是历史和不断变化的生产关系的产物。第七章就资本家对积累的渴望，以及竞争促进创新和向生产引入高效技术的必要性，进一步探讨了资本主义的动态特性，揭示出资本家的积累是一种社会学上的必然性所致。这种必然性是资本主义生产方式的固有因素，与那些大谈资本积累是由于资本家不铺张浪费的优良品格所致的理论大相径庭。接下来解释了如何确定积累水平，积累与创新之间存在的相互关系，积累是如何导致垄断资本主义阶段，以及作为失业的关键因素。第八章探讨了利润率随着时间的推移而下降的趋势，以及资本主义经济运动规律的产物——危机，展示了资本主义生产方式的竞争性质是如何导致利润率下降的。即便单个的资本家不愿意看到利润率下降，实际上，恰恰是因为资本家试图不断提升利润率，反而导致了利润率的下降。通过引入资本技术构成和资本价值构成的概念，从资本的有机构成方面考察了利润率下降趋势存在的机制，从而可以在资本技术构成上升的过程中提高生产率。与此同时，资本的价值构成将会下降。有人认为这种分析存在问题，但马克思能够证明，基于资本有机构成的定义，不管是投入价值发生变化，还是生产技术发生变革，都会使得不变资本和可变资本之间的比率上升。资本主义生产方式危机的另一个根本原因是出现了实现问题，虽然实现问题不是马克思主义学说所独有的概念，但却是资本主义制度所独具的概念。这是解释资本主义周期性波动的基础，这种波动表现为对资本主义制度的外来冲击以及资本主义生产方式固有的内生性因素，而且更加强调内生性因素。尤其是，购买力不足降低了资本家实现生产中所创造的剩余价值的能力，以及在资本主义发展过程中，剩余价值生产过程中出现的诸多困难。

在第一部分的最后，探讨了本世纪两位重要的经济学家：米哈尔·卡莱斯基①（Michal Kalecki）和皮埃罗·斯拉法②（Piero Sraffa）。两位经济学家都从马克思的观点来看待实现问题，但得出的结论却大相径庭，所以两位经济学家对马克思主义政治经济学产生的影响大不相同。卡莱斯基关注的是资本主义的基本运转机制以及资本主义制度所包含的矛盾，这些矛盾容易导致生产能力过剩、商业周期，以及停滞和失业。他的方法着眼于生产关系、在资本主义中实现并维持充分就业这一政策的影响，以及资本家对政府的充分就业型战略的应对方式。卡莱斯基区分了商业周期中的两个阶段，认为衰退阶段是可以克服的，但无法在资本主义生产方式内克服结构性危机。对卡莱斯基而言，投资是关键的因素，尽管投资支出可以补充有效需求，但也是危机产生的源头，因为这表示资本存量的增加，从而导致产能过剩。这一动态过程导致周期性波动，卡莱斯基能够证明在整个循环中平均就业率将低于充分就业的峰值，表明劳动后备大军和资本过剩是资本主义经济的典型特征。另一方面，皮埃罗·斯拉法直接通过对生产条件和收入分配的认识推导出了价格，尝试证明转化问题（transformation problem）仅仅是"复杂的迂回"（complicating detour）。因此，他认为马克思把劳动价值转化为价格，把剩余价值转化为利润的做法是多此一举，并且动摇了"马克思主义的基本定理"（Marxian Fundamental Theorem）的基础，而这一基本定理认为正利润表示正剩余价值，正剩余价值表示正利润。虽然这挑战了马克思的理论，但我们看到，斯拉法分析（Sraffian analysis）是设置在均衡框架之下的，这使得对马克思的批评显得虚弱无力。

---

①犹太血统的波兰经济学家，是当代资本主义经济动态理论、社会主义经济增长理论和发展经济学这三个领域的最早开拓者之一。——译者注
②英籍意大利经济学家，是新李嘉图学派的建立者，对剑桥学派有很大的影响力。——译者注

第二部分首先考察被称为垄断资本主义的这一资本主义发展阶段，即资本聚集和资本集中的过程。首先对垄断资本主义理论进行了解释，然后研究了以兼并和收购的形式提高资本集中度和资本聚集的历史。然后，本章探讨了全球化问题，阐明全球化虽然不是新的现象，但却使得垄断资本主义进入新的发展阶段。对此有两种观点：一种观点认为，跨国公司在全球范围内对资源的有效配置，使得民族国家边缘化了；另一种观点认为，资本主义企业在谋求市场领导地位的同时将竞争扩展到国际舞台，要求各国政府要为了资本的利益转变角色，以促进国际合作。第十一章使用了马克思主义的方法，从历史和现实的角度探讨了失业或劳动后备大军的关键因素，说明与非加速通货膨胀失业率（NAIRU）和失业滞后模型等失之偏颇的模型相比，这种解释方法是如何更令人信服的。第十二章探讨了资本主义发展的公共部门问题，解释了为什么要在规模和范围上不断提高国家的作用，并说明国家如何按照资产阶级的要求，竭力提供资本主义蓬勃发展所必需的环境。尽管马克思对国家的作用着墨不多，本人用马克思主义的方法论述了国家的作用。因资产阶级整体利益与资本家个体利益在国家的作用上存在冲突，从而产生了悖论，本章对此也进行了解释。本章概述了各种有关公共部门作用的观点。其中，新古典主义者认为国家干预越少越好；社会民主主义者认为，国家的作用就在于克服资本主义的无序性，同时达成社会共识。对于资本主义生产方式中的生产关系，以上两种观点都不适用。本章的结束部分讨论了全球化时代的公共部门，认为那些信奉支持"第三条道路"的人对各个国家的调控能力过于乐观。正如第十三章所阐述的那样，福利国家的危机表明，存在危机这一事实意味着，随着资本主义接二连三地发生危机，它必须找到一个解决方案来解决资本主义制度中所存在的固有矛盾：资本主义需要失业才能维持运转，所以福利国家就越来越不适合资本主义生产所需的经济环境。要解决这个矛盾目前有两种选择：一是对在业者征税来增加财政收入，以维持无法工作的人的最低收入；二是废除福利国家制度，由私人企业提供福利国家的职能。如果是第一种情况，则会引发利润实现危机，并可能引发激励危机。如果是第二种情况，则需要大幅度降低工人阶级的期望，并对私营企业主进行道德上的再教育，使私营企业主明白个体提供福利的道德责任高于集体。事实证明，福利国家的出现是有历史原因的，因为要想赢得第二次世界大战，并进行战后重建，需要与劳工达成和解。然而，尽管1973年后经济环境发生了变化，但这种与劳工的和解仍以福利国家的形式留存下来。

最后，是本书的结论部分，总结了本书各方面的内容。尽管前人就马克思对资本主义批评多有著述和争论，但马克思对资本主义的批评仍然是分析当代资本主义和资本主义发展史的最有效，也是最理性的框架。现在仍然还要进行更为深入的研究，尤其是在垄断资本主义、全球市场的崛起，以及欠发达经济体在全球剥削面前的地位等方面。我们认为，在21世纪肇始，马克思主义政治经济学的框架对当代社会学、政治学和经济等专业的学生仍一如既往地重要。随着生产力的发展，它们与原有的阶级关系变得不再协调。此时，统治阶级会阻碍社会的进步，而在冲突的过程中，另一种允许社会生产进一步发展的阶级关系体系会将其取而代之。

在很多方面，本书都纯粹是我本人从世界经济形势、经济结构、政治组织和哲学角度，以及对我们大家的影响等方面对世界现状进行的审视，不是针对他择性社会①所开的药方，而是追随马克思对当前社会制度进行了批判，并提供了一个框架，在这个框架下，根据分析逻辑，某些结果是不可避免的。但是，本书并不因此而具有预

---

① 他择性社会指从现存社会体制中分类出来并反习俗准则的社会。

测能力，不能预测资本主义会在哪一天哪一刻分崩离析，并产生出一个特定的替代资本主义的制度。本书的目的并不是要向读者讲明马克思主义政治经济学的"正确性"，而是鼓励对教育机构中教授的大部分主流经济理论进行辩论，予以质疑，而这些经济理论仍被本科生阅读书目上的主流著作奉为圭臬。

第一部分

理论与历史

2 马克思的方法

简介

　　马克思的方法是研究政治经济学的独特方法，人们通常认为这一方法可以取代自然科学型经济分析中使用的方法论。值得注意的是，马克思是通过哲学来研究经济学的，他的分析植根于社会理论。由此，可以认为，马克思主义政治经济学在分析上比其他经济思想流派要更加全面。然而，马克思方法的独特性又使其容易招致更"正统"方法论的批评。特别是，波普尔（Popper）（1972）认为，马克思运用的是"历史决定论"（historicism），即认为存在一种历史发展规律，从而使得马克思采用了"经济决定论"。对波普尔来说，这一点是无法接受的，因为人的行为本身就是个体性的，因此可以改变历史进程。然而，波普尔的这一批评经不起仔细的推敲。因为马克思无疑会认同波普尔的这个观点；但是，尽管人类确实创造了自己的历史，但其所处的条件却不是人类自己能够选择的。相反，人类受到与其所处的发展阶段相联系的社会制度和社会结构的制约。

　　因为马克思关注的是历史的动态过程，而且马克思著书立说的年代是19世纪，也许看待其作品的最佳方式是将其作为分析框架，这个框架可以转换以适应时间和地点，因此必须调整以适应当前情况。有人可能会说，这恰恰是列宁的做法，他将这一框架运用到了资本主义还未成熟的国家，意大利的葛兰西（Gramsci）和匈牙利的卢卡奇（Lukacs）的做法和列宁如出一辙。中国的毛泽东和古巴的卡斯特罗（Castro）的做法也与此相同。这些人的共同点并不是他们都有一个僵化的意识形态，而是恰恰相反：共同点在于都以马克思主义的分析框架为起点来认识自己身处其中的社会制度。当然，一边运用本质上重视历史的方法论，一边却宣称该方法论可以预测历史进程所决定的事件，这无论如何都是不合逻辑的。

与所有思想流派一样，马克思主义政治经济学并不是一种独特的、完全原创的模式。马克思的思想是通过接受和批评各种现有思想演变而来的。成果是马克思独有的，但其植根于早期的哲学、社会理论和经济学思想。

黑格尔传统

最初，马克思写作是为了专门批判黑格尔的政治哲学，也正因如此，使得马克思认识到了经济学的重要性。虽然马克思接受了黑格尔对"人"和"公民"的区分，以及"国家"和"公民社会"的划分，但马克思认为，由于封建主义发挥作用的核心——经济强制——崩溃，导致公民社会，即经济关系领域，偏离了政治社会的进程。因此，"自由"劳动力的出现成为资本主义产生和发展的关键事件。所以，可以将马克思思想的出发点看作是经济、政治以及国家与公民社会的分离。马克思从成为政治哲学家开始，就将自己的论点发展为对黑格尔政治哲学的批判，并将自己的思想越来越集中在对公民社会经济机制的理解上，马克思逐渐认为公民社会的经济机制是社会发展的驱动力。

黑格尔在其19世纪早期的著作中，关注的是"表象"和"本质"之间的区别，其中，表象或现象不一定是假的，但可能有误导性；

本质则与所调查现象背后的基本有机关系相关联（Pheby，1988，p.115）。黑格尔认为，历史不是随机的事件序列，而是一个进程，完全受客观规律的支配。只有将历史看作一个整体，才能正确理解这种客观规律。这个进程不是单向的，而是一个辩证的过程。古代和中世纪哲学大多都包含推理的辩证形式，但在黑格尔的哲学中，辩证法是一种自我辩证、自我生成的理性过程。在黑格尔的思想体系中，真理（绝对观念）是整体，通过概念和意识形式的辩证演进，从最简单的形式逐渐演进到最复杂的形式。概念的演进起初是不完整且相互矛盾的，进而演化为比较完备的概念，此时又引发了新的矛盾。[1]人类历史是"绝对观念"实现自我意识的载体，但人类不是这一过程的主体。

黑格尔在提出运用辩证法时，制定了辩证法的三条法则。第一条法则有关由量到质的转换和由质到量的转换，其中，新的质从看上去微不足道的质变发展而来。因此，一个连续变化的过程只有在到达某个质变节点之时才会改变事物的特质。第二条法则是对立统一规律。对黑格尔而言，运动源于矛盾，而现实的矛盾本质形成了连贯的统一。因此，某些事物看上去作用十分短暂，往往只是一个持续过程的一个环节，却是这个持续过程的一个关键要素。故而，政治哲学根本上是在探索内在矛盾引发的变化和运动。第三条法则通常被称为"正—反—合"（thesis – antithesis – synthesis），更正式的说法是"否定之否定"规律：最初的理论被相反的、矛盾的理论所取代，而这个矛盾的、相反的理论接着由将"正"和"反"统一起来的理论——"合"所取代。

对于黑格尔来说，只有通过审视整体中矛盾且有机的过程才能理解现实。因此，发展的每个阶段都可以通过对立双方之间的矛盾来解释。这些矛盾在"合"中得到了调和，而"合"本身又产生新的矛盾。根据黑格尔的观点，历史本质上是理性发展的问题，每个时间和每个地点都有自己的一套观念。因此，观念的辩证发展是历史的原动力。然而，黑格尔的著作极其晦涩难懂，可以对其进行不同的解释，从而使得各黑格尔学派之间争论不断，尤其是在19世纪三四十年代的德国哲学界。马克思与"青年黑格尔派"(school of Young Hegelians)有来往，该学派强调的是黑格尔的动态要素，而不是那种在普鲁士国家将理性神圣化、将历史奉为至尊的保守解释(Brewer, 1984, p.3)。尽管马克思的历史观沿用了黑格尔的这一动态要素，但马克思与黑格尔在"唯心主义"的看法上彻底决裂了，黑格尔认为"精神"或"思想"是主要的，而物质是次要的。在《黑格尔法哲学批判》(*Critique of Hegel's Philosophy of the Right*)(1843)一书以及在《巴黎手稿》(*Paris Manuscripts*)(1844)的结束语中，马克思专门批判了黑格尔辩证法中"神秘"的一面。马克思效仿费尔巴哈(Feuerbach)的做法，将黑格尔哲学与基督教神学相提并论，认为这两者都是人类的物种属性异化的形式。特别是，黑格尔将人类思维映射成一个虚构的东西——绝对观念，而绝对观念反过来又产生了经验世界。

关于黑格尔对马克思著作的影响程度，众说纷纭。马克思运用了黑格尔的辩证法，当然其早期著作中，黑格尔烙印更加深重。[2]然而，到了《资本论》，黑格尔的影响就不那么明显了，所以有人据此认为黑格尔对马克思影响主要是在术语上。索维尔(Sowell)认为，黑格尔对《资本论》的影响仅仅体现在马克思强调了资本主义变动性的意义(Sowell, 1976, p.50)。因此，马克思的辩证法与黑格尔的辩证法是截然不同的：

> 从根本上而言，我的辩证方法不仅与黑格尔辩证法不同，而且截然相反。黑格尔甚至以"观念"的名义将思维过程转变为独立的主体，认为思维过程是现实世界的创造

者，而现实世界只是观念的外在表现。在我看来，恰恰相反：观念不过是反映在人的头脑中并转化为思想形式的物质世界。

(Marx, 1976, p.102)

然而，马克思的思想发轫于对黑格尔的浪漫唯心主义的反思。而对于黑格尔主义，要注意的一个重点是，其关注的是历史和社会变革，这二者是哲学态度的核心。马克思保留了关于历史和社会变革的观点，摈弃了浪漫唯心主义。

历史唯物主义

因此，从黑格尔那里，马克思学到了辩证法，这种烙印在马克思早期的著作中非常明显。马克思的观点集中形成于1844年至1845年，产生了一个新的理论框架。1844年，他撰写了名为《经济学哲学手稿》，或者称为《巴黎手稿》的初稿，聚焦于资本家和雇佣劳动力之间的关系，认为这种关系是结构性的，而非人与人之间的关系。在这个时候，马克思也受到了黑格尔批评者——路德维希·费尔巴哈（Ludwig Feuerbach）的影响，马克思吸纳了费尔巴哈的人类本质或人种概念，认为人类生产本质上是一种创造性活动。因此，让生产从属于资本主义不符合人格的属性，违反了生产者和产品之间的自然关系。从本质上说，随着前资本主义生产让位于社会生产，工人（生产者）远离了最终产品，远离了所生产出来的剩余产品，进而使得人与自己的劳动产品相异化。马克思在《巴黎手稿》（1844）对这种异化进行了深入的探讨，提到了与劳动、劳动产品和同事相脱离的人的异化。然而，马克思并没有在《资本论》中将异化作为单独的章节加以论述，异化却是一个以不同形式贯穿第一卷到第三卷的概念。例如，在《资本论》第一卷中，马克思将异化作为资本主义生产的一个特征，资本家的剥削，使得劳动从劳动者身上异化出来（Marx, 1976, p.716），生产资料异化了工人的智力潜能（ibid., p.799），异化提供了可以将人作为商品购买的环境（ibid., p.1003）。在第三卷中，马克思认为随着资本积累的发展，资本日益集中，资本越来越成为一种社会权力，异化成资本家获得权力的工具（Marx, 1981, p.373），工人从生产条件中异化出来（ibid., p.731）。

1845年，马克思和恩格斯撰写了《德意志意识形态》（*German Ideology*），首次对二人的史学理论——历史唯物主义进行了明确的阐述，从1845年开始，马克思开始致力于进一步完善他在《德意志意识形态》中所列出的基本框架。

> 可以通过意识、宗教或随便什么东西把人和动物区分开来。一旦人们开始生产自己所必需的生活资料，即迈出人类肉体组织所决定的这一步，人们就开始将自己与动物区分开来。通过生产自己的生产资料，人们间接地生产出自己的物质生活。人们用来生产自己的生活资料的方式，首先取决于已有的和需要再生产的生活资料本身的特性。绝不能简单地将这种生产方式认为是个人肉体生存的再生产。相反，它是这些个人确定的活动形式，是他们表现自己生命的特定形式、特定的生活方式。个人怎样表现自己的生命，他们自己就是怎样的。因此，他们是什么样的，这同他们的生产是一致的——既和他们生产什么一致，又和他们怎样生产一致。因而，个人是什么样的，取决于他们进行生产的物质条件。
>
> （Marx and Engels, 1970, pp.25-26）

这个框架始于一个非常简单的观点：人类必须为了生存而生产自己的生活资料，而要生产出自己的生活资料，就需要通过劳动分工来通力合作。因为生产的任何发展阶段本身都是历史的产物，生产的发展取决于合作形式的发展，故此也取决于社会组织的发展。因此，社会通过一系列以不同的财产形式为标志的阶段得以发展。在古代，公共财产来自对奴隶的剥削；在封建社会，封建土地所有制是以剥削农奴为基础的；在资本主义，资本家的私有财产来自对无财产的雇佣劳动者的剥削。每一个社会发展阶段都比其前一个生产发展状态更高级，但每一个发展阶段也都为下一个发展阶段的到来创造了必要的条件。

尽管《德意志意识形态》囊括了唯物史观的核心，但最著名的总结出现在《政治经济学批判》（*Critique of Political Economy*）（1844）的序言中：

> 我的研究得出这样一个结果：法律关系正像国家的形式一样，既不能从它们本身来理解，也不能从所谓人类精神的一般发展来理解，相反，它们根源于物质的生活关系，这种物质的生活关系的总和，黑格尔……概括为"市民社会"，而对市民社会的解剖应该到政治经济学中去寻求……我所得到的，并且一经得到就用于指导我的研究工作的总的结果，可以简要地表述如下：人们在自己生活的社会生产中发生一定的、必然的、不以他们的意志为转移的关系，即同他们的物质生产力的一定发展阶段相适合的生产关系。这些生产关系的总和构成社会的经济结构，即有法律的和政治的上层建筑竖立其上，并有一定的社会意识形式与之相适应的现实基础。物质生活的生产方式制约着整个社会生活、政治生活和精神生活的过程。不是人们的意识决定

人们的存在，相反，是人们的社会存在决定人们的意识。社会的物质生产力发展到一定阶段，便同它们一直在其中运动的现存生产关系或……财产关系发生矛盾……那时社会革命的时代就到来了。随着经济基础的变更，全部庞大的上层建筑也或慢或快地发生变革……无论哪一个社会形态，在它所能容纳的全部生产力发挥出来以前，是绝不会灭亡的；而新的更高的生产关系，在它的物质存在条件在旧社会的胎胞里成熟以前，是绝不会出现的。

（Marx，1977，pp.20-21）

因此，唯物主义的历史观念的核心是认为经济结构可以解释社会的任何其他方面，社会和政治革命是由生产力和生产关系之间出现的矛盾所引发的。生产力的发展使得经济关系变得不再适合。然而，那些参与变革的人并不如此认为，而是用其他术语看待这些冲突，马克思称之为"意识形态"。虽然在《〈政治经济学批判〉序言》中没有明确指出，但对于马克思来说，任何生产方式都涉及与阶级分化相关的劳动分工。阶级制度伴随着生产力的发展而发展，而生产力有生产剩余产品（是指确保该产出水平再生产后多余的产出）的能力。最主要的阶级关系总是一个或多个阶级占有其他阶级劳动所生产的剩余价值，而核心的阶级关系是剥削关系。主要的理论困境是要说明剥削如何成为竞争资本主义运作的基础，而资本主义又有一整套公民自由制度。因此，生产关系可以被解释为阶级关系，用法律术语来说，就是这些关系形成了财产关系的形式。阶级关系构成了政治上层建筑的真实基础，并与确定的社会意识形式相一致。因此，关键的制度是生产资料中的财产所有制度，因为这样就可使得剥削阶级获得国家的控制权。故而，执政理念源于统治阶级，因此，执政理念是主导性物质关系的表现。马克思将这种观念的特性描述为"意识形态"。阶级理论还包括历史变革原则,而这一原则控制着一种生产方式向另一种生产方式的转变。随着生产力的发展,它们与原有的阶级关系变得不再协调。此时,统治阶级会阻碍社会的进步,而在冲突的过程中,另一种允许社会生产进一步发展的阶级关系体系会将其取而代之。矛盾和如影随形的阶级冲突有意识地表现为意识形态斗争。因此,人类通过虚假的意识,通过意识形态创造了自己的历史。换言之,参与社会生产的人在不知不觉中通过自己的活动创造并重建了社会结构。然而,社会结构同时与这种活动所产生的可能性相冲突,并且在解决矛盾的过程中,是通过对自己的真实历史意义的幻想进行斡旋得以实现的。在《德意志意识形态》中,马克思认为相互冲突的阶级无法理解斗争的真相,将现实中的斗争视为信条或原则之间的斗争。就这样,阶级利益呈现在意识形态框架中,使阶级利益看起来是唯一有效和理性的因素(Marx and Engels,1970,p.66)。

经济结构的首要性

对于马克思来说,包括主流社会意识形式在内的社会的方方面面都是通过经济结构的首要性来解释的。正是历史理论的这一特点证明了马克思的论证属于唯物主义。社会制度是由普遍的生产关系形成的,因此就要使得生产关系和其中所包含的阶级关系能够运作。因此,对于不同的经济结构,政治和法律制度也有所不同。在资本主义社会,雇佣劳动者在阶级关系中必须是"自由"的,因此代议制民主通过议会机构使人误以为获得了行动自由和平等的代表权。然而,这只服务于统治阶级的利益,并使生产关系所形成的阶级关系永久化。例如,在封建社会,这种行动自由和代表自由是不必要的,因为封建社会的阶级关系是强制劳动关系,由统治阶级直接控制。

在法律领域，人们认为在资本主义制度下法律面前人人平等，但实际上却被统治阶级所掌控。法律的指导原则是保护财产权并执行由生产关系所确立的契约。因此，借由法律关系来维持国家的统治权，而法律关系会随生产关系而发生变化。所以，社会的变化只能通过生产关系的变化来实现，进而通过经济结构的变化来实现。这种变化是一个辩证的过程，但是或多或少地被意识形态推迟，因为意识形态为冲突的根本原因蒙上了一层面纱。因此，国家永远在变化，以适应生产关系的要求，掩盖冲突的真正原因，使现有的经济结构永续。对马克思而言，法律领域亦是如此，法律领域表面上看是半独立的，但也取决于法律所处的经济结构。图2.1从概念上对此进行了说明，解释了经济结构是如何实现的，其中，输入到经济结构的是历史，而输出的则是社会的其他各个方面。因此，要理解社会的各个方面，首先必须理解结构的整体性。也就是说，上层建筑只能由上层建筑所依赖的经济结构形成。

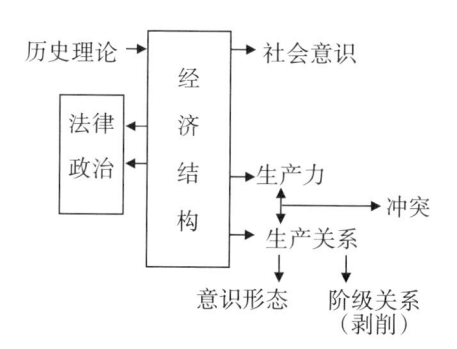

图2.1 经济结构的首要性

在经济学领域，马克思研究的是古典政治经济学，基本上属于剩余理论传统，因为其基本的研究领域是经济剩余的起源、规模及其增长。在这一点上，马克思认为古典政治经济学是最早尝试将经济学研究建立在资本主义的特定社会关系之中的。马克思认为这一点使得古典政治经济学获得了方法论上的相关性和有效性（Howard and King, 1985, p.64）。布劳格（Blaug）认为，《资本论》中的推理方法与李嘉图《政治经济学原理》如出一辙（Blaug, 1997, p.254）。马克思的经济方法很大程度上是在对亚当·斯密（Adam Smith）和大卫·李嘉图（David Ricardo）批评的基础上形成的，马克思批评了二人的社会和经济关系构成，批评二人，尤其是李嘉图，未能始终如一地运用方法论原则。

> 利润率是资本主义生产的驱动力，除了有利可图的东西之外什么都不生产。因此，英国经济学家更担心利润率的下降。如果李嘉图对这种可能性有一丝担心，那也恰恰表明了他对资本主义生产条件有着深刻的理解。有人谴责李嘉图，说他对"人"漠不关心，在考虑资本主义生产时只专注于生产力的发展……这恰恰是李嘉图的主要贡献。
>
> （Marx, 1981, p.368）

接下来的问题就是，马克思继承了斯密和李嘉图的观点，还是马克思代表了一个完全不同的范式？这个问题成为经济思想史学家间旷日持久的争论主题，但这一点对我们在此的讨论而言却没有任何意义。我们只要知晓马克思对经济学的研究虽然植根于古典传统，但他的方法与斯密或李嘉图所采用的方法并不相同，这就足够了。然而，可以看出，古典政治经济学与马克思之间存在着许多相似之处，也有许多不同之处，这恰恰使得马克思主义政治经济学内容更加丰富，意义更大。

马克思的实在论

马克思的经济分析的主要思想是：生产领域是整个经济的根本，这是马克思基于自己对科学和科学研究的本质的理解而得出的。马克思把科学描述为通过调查事物表象背后的现象生产知识的过程。在《大纲》[①]中，这个过程被描述为从表象世界的复杂性入手，然后构建出最简单，但又高度抽象的概念。通过概念之间的矛盾和相互关系引入和发展出愈发提高的复杂性，直到再生产出表象的复杂性。这个抽象化的过程，产生了与物质现实相契合的概念和概念的逻辑次序。正因为如此，它并不代表独立于现实而存在的纯粹唯心主义的过程。法因（Fine）和哈里斯（Harris）（1979）从两个层次结构的角度来讨论了这个问题。第一个结构是概念的层次结构，它是从简单到复杂的运动过程，或从低到高的抽象过程中在思维中产生的。第二个结构是现实层次，涉及真实现象及其之间真实的决定关系。虽然简单地将两个层次结构直接联系起来毫无意义，但它们之间存在确定且必然的关联。

> 两个层次结构之间存在必要的关系，是因为抽象等级的层次并非是随意的。它不仅是现实理论，同时也是现实理论的产物，因此与所分析的现实有着确定的关联。这并不能保证理论的"真实性"，但与此同时，它排除了认为概念的层次结构之间没有区别的相对主义观点。
> （Fine and Harris, 1979, p.11）

因此，马克思强调了整体观的重要性，这种观点本身并非经验

[①] 即《政治经济学批判大纲》。——译者注

主义的，但对于正确理解经验世界却至关重要。同样需要注意的是，马克思的立场不允许理论完全从属于事实，因此，有充分的根据可以认为马克思的立场是符合辩证法的。该模式的核心是认为整体或总体比它们的组成部分更为重要。因此，每个整体都被构想为一系列的关系，这些关系会赋予组成部分一套无法从单个组成部分中单独推断出的属性。为了全面理解一个系统，我们不是着眼于系统的局部，而是要着眼于系统的整体，因此，我们需要理解整体，以便对系统的个别部分进行完整的理解。整体具有内部变革的能力，因为人类现实是一个过程，而不是给定的状态，变革的驱动力是整体的各个组成部分之间无法调和的矛盾，改变整体的是组成部分之间存在的冲突。由此可见，人类历史始终处于一种"变化"的状态，即整体内的否定因素是前进的动力。[3]

马克思关注的不是直接用其他事实解释事实问题，而是用一些无法直接观察到的实体来进行解释。因此，马克思的观点和要解释的经验事实之间存在一个中间阶段。这个阶段由一个理论结构构成，涉及的元素是被准确定义的，但无法观察到。首先，定义的准确性使得理论结构与观点分开，其次，不可观察性将理论结构同需要解释的东西分开。这一方法论并不是马克思独有的，而是一种普通方法，叫做实在论。实在论的主要对手是实证主义，实证主义试图通过形成理论来解释经验现象，对实证主义者来说，理论是由与可观察变量之间的关联的相关法则组成的。这种观点基于这样一种信念，即科学知识只能适用于可以观察到的东西。因此，对于实证主义者来说，必须将理论限定为对经验事件的陈述。然而，与这种方法形成鲜明对比的是，马克思从不可观察的角度形成了必要性机制。该机制构成了经验规律背后的"本质"或"隐藏的实体"。关键是，马克思有自己独有的实在论形式，通过这样一个事实表现出来：他的理论是一种社会理论，用社会关系来解释经验现象，而社会关系本身有其自身的规律和支配着个人及其所包含的自然实体的特点。但是，这些社会关系本身不能还原为可观察的实体，正是这一点，使得马克思的方法论被认为在本质上属于决定论。

马克思的决定论

决定论一词并不一定意味着思想、选择和决策不存在。关键一点是主观并不能独立发挥作用，而是充当人类活动的真正决定因素的传送带。由此可见，如果人们认为马克思的立场是纯粹的决定论，那么，他一定会把个人仅仅视为社会力量的承受者。马克思认为人类获得了对环境的有意识的控制（最终，在共产主义中控制人类自身），乍一看，似乎是自相矛盾的。因此，有意识的人类决策被马克思抬得很高，与决定论截然相反。然而，在其他地方，马克思似乎认为人类在共产主义社会之前不可能实现自决，因此，存在二元论，马克思将其归因于历史。事实上，这并不矛盾。马克思认为无产阶级革命具有关键性的意义，而无产阶级革命和历史上的所有社会变革都是由同一种力量引发的。正因如此，无产阶级革命的兴起是一种必然。然而，无产阶级革命还有着独特的历史作用，那就是终结"史前时期"[①]。故此，无产阶级革命被视为首个人类意识起决定性作用的历史行动。因此，无产阶级革命具有双重性，既是阶级革命，也是反对人类当前所面临的主要生存条件的革命。这种意识是无产阶级所处社会环境的产物，其内容包括对非人的生存条件以及非人化根源的真正反映。因此，它不像过往的革命阶级那样受到虚假意识或意识形态的虚幻性的影响。

因此，对于马克思来说，资本主义绝不仅仅是一种使用"资本"

[①] 按照马克思的观点，现实历史并非历史而不过是"史前史"。——译者注

作为生产资料的生产方式。相反，资本主义的定义更精确，它将私有制纳入了生产力。因此，我们可以在马克思的分析中看到资本主义兼具四种属性：（a）一种商品生产制度；（b）一种雇佣劳动制度；（c）一种贪婪的制度；（d）一种理性组织制度。但资本主义是通过市场交换协调"有自主权的人"从事经济活动的制度，因此劳动力必须成为一种商品。所以，就必须存在一种劳动力可以自由地出售自己时间使用权的雇佣劳动制度。故而，这个为资本主义发展扫清道路的过程也就是剥夺劳动者生产资料的过程。这一过程将社会生活资料和生产资料转变为资本，同时将直接生产者转变为雇佣劳动工人。马克思描述了这一过程是如何通过圈地强行征用农业人口，通过国家立法迫使失去财产者进入劳动力市场的，以及如何通过奴隶贸易、殖民和抢掠增加商业利润的。这样就积累了财富，可以用于购买生产资料和劳动力。马克思把这个过程称为"原始积累"。资本主义生产方式是动态的，通过增加科技知识和扩展市场关系的作用范围，实现了经济的快速增长。但自身也包含着矛盾，这些矛盾是无法通过内部改革克服的。这种矛盾表现为日益社会化的生产与仍然为私有性质的剥削之间的矛盾日益严重。也就是说，由于专业化和市场交换的扩大，生产的相互依赖性越来越强。与此同时，处于支配地位的财产关系确保了利益和动机的私有性。这种矛盾在经济方面表现为利润率的不断下降和失业率的日益攀升，有效需求不足性危机经常使得矛盾中断并愈发突出。事实上，关于后一点，可以说凯恩斯重新强调了马克思提出的这些问题，但凯恩斯对马克思模式的分析并不全面。

总结

马克思的政治经济学适用于社会理论的各个方面，是一个鲜明的、更加全面的分析框架。从黑格尔那里，马克思得到了辩证法的重要概念作为马克思分析的依据，由此发展出了历史理论。然而，马克思的政治经济学不是黑格尔的哲学方法，而是通过批判黑格尔得到的方法。因此，马克思的分析是动态的，是建立在阶级冲突和经济结构的首要性上的，而经济结构本身就是历史的产物。因此，我们只有先理解社会生产力的发展，才能理解社会的各个方面。马克思主义政治经济学中的这种辩证方法可能会让学习微观和宏观经济学课程的大学生感到困惑不解，因为要求他们要首先学习微观经济学作为基础，才能继续学习宏观经济学。对于马克思来说，这一顺序是不合逻辑的，是错误的假设。因为若要充分理解一个制度，则要求将系统整体性当作关注的焦点，只有这样才能理解其中存在的、使得整体发生变革并具有变革动力的矛盾。在这方面，那些诉诸个人主义，弄虚作假，甚至通过计量经济学技巧来研究经济的人，其研究的方法是无法植根于现实的，因此他们的结论一定是毫无根据的，与经济或社会分析也毫无相关性。

3 价值理论

简介

至少在过去的120年间，关于价值来源的探讨一直被边际效用的概念所主导，这个概念源于杰文斯的《政治经济学理论》(1871)、门格尔的《经济学原理》(1871)和瓦尔拉斯的《纯粹经济学要义》(1874)。然而，在19世纪70年代之前，关于价值来源的争论一直由各种各样对劳动价值论的阐释所主导。因此，商品和服务为什么有价值、价值大小如何确定的问题，两百多年来一直是经济学的一个永恒话题。相比之下，新古典主义学派更强调主观边际效用理论。主观效用是指个人或家庭从消费商品或服务中获得的满足程度。据称，主观效用基本上是可以量化的，个体购买商品和服务是为了增强个体自身的效用。于是，每个个体都表现得好像对不同的商品和服务组合有一套不同程度的偏好，每个个体都是自身效用的最佳评判者。[1]然后，可以给所消费的商品和服务赋一个值，而这个数字代表从上述商品和服务组合中所获得的效用。有人认为这是相当"让人怀疑的演算"，不属于充斥着假设的新古典主义政治经济学教科书(Hodgson, 1982, p.42)。然而，古典政治经济学认为"效用"是让物品具有价值的关键所在，但不决定物品的交换价值，交换价值则来源于稀缺性和生产成本。例如，李嘉图认为：

> 商品的价值，或者与其他商品交换的数量，取决于生产这种商品所必需的相对劳动量……尽管效用……是商品绝对必需的，但不是衡量商品可交换价值的标准。如果一种商品全然没有用处，换句话说，无论这个商品多么稀缺，也无论生产这一商品可能需要多少劳动量，它也不能满足我们的需求，没有丝毫的交换价值。
>
> （Sraffa,1981,p.11）

通常被称为"剩余方法"的东西是古典政治经济学的核心，认为价值和分配理论的提出应与一个经济体产生剩余价值的能力相关联，即在每个生产阶段的生产量都要高于生活必需品的生产。因此，就要揭示出剩余价值是如何在资本主义经济体中产生并分配的。一般而言，古典政治经济学家们，特别是马克思，认为剩余价值源于资产阶级迫使工人劳动的时间超过工人生产出生活必需品所需的时间。因此，为了衡量剩余，需要一种价值理论，借此来比较不同时期剩余的数量、构成以及分配（Sardoni,1992,p.211）。

对于马克思来说，价值理论是剖析资本主义社会的关键所在。价值概念由此对于解释主流经济和社会状况至关重要。新古典经济理论将历史上的所有社会都纳入研究范围，与之相比，马克思主义理论强调经济类别的历史相对性。因此，马克思认为价值关系是资本主义社会所特有的，价值是一种社会关系。对于马克思来说，"产品"与"商品"两个词之间的区别是非常明确的，因为任何经济形态都会生产产品，但只有在资本主义社会中，产品才以商品的形式表现出来，几乎完全就是为交换而生产的。

使用价值和交换价值

马克思在其价值论体系中对交换价值和使用价值进行了明确的区分，将它们视为商品的两个方面。

就满足人类需求的能力而言，商品的使用价值与商品的自然属性相对应。马克思在《资本论》中描述了商品的这一特性：

> 商品首先是一个外界的对象，一个靠自己的属性来满足人的某种需要的物。这种需要的性质如何，例如是由胃产生还是由幻想产生，是与问题无关的。这里的问题也不在于物怎样来满足人的需要，是作为生活资料即消费品来直接满足，还是作为生产资料来间接满足。
>
> （Marx, 1976, p.125）

马克思明确指出，物的有用性是历史的产物，一切有用的物都包含许多特性，因此，一种物可能会有多种有用性。然而，对马克思而言，使用价值并不是纯粹的主观概念，因此并不仅仅存在于消费者的头脑里。

> 物的有用性使物成为使用价值。但这种有用性不是悬在空中的。它决定于商品体的属性，离开了商品体就不存在。因此，商品体本身，例如铁、小麦、金刚石等等，就是使用价值，或财物。商品体的这种性质，同人取得它的使用属性所耗费的劳动的多少没有关系。
>
> （Marx, 1976, p.126）

商品生产者在交换产品时，会在商品之间建立量化关系，马克思把这种关系叫做商品的交换价值。在商品生产中，生产的社会特征通过商品交换表现出来，因此，交换同时也是生产者劳动的交换。故而，商品之间的关系也是商品生产者之间的关系，因此马克思的价值观就是商品生产的社会关系的一种表现形式。所以，商品的社会性就表现为商品的交换价值。马克思对此表述如下："交换价值首先表现为一种使用价值同另一种使用价值相交换的量的关系或比例，这个比例随着时间和地点的不同而不断改变。"（Marx，1976，p.126）。因此，交换价值表现为使用价值在商品市场中进行相互交换所用的一系列比例。

"正统"经济学认为商品满足人类的需求，故此物的使用价值来自物的有用性，与创造商品有用性所需的劳动量无关。正如我们所认识到的，乍看之下，交换价值本身表现为交换使用价值所依赖的比例关系，随着时间和地点的变化而不断变化。然而，对于马克思来说，这种关系并非如此简单。为了说明这个问题，我们可以假定有两种商品：小麦和铁。不管二者的交换比例怎样，总是可以用一个等式来表示：一定量的小麦等于若干量的铁。例如：

$$1 \text{夸特小麦} = x \text{吨铁}$$

这个等式说明，在1夸特小麦和x吨铁里面，有一种等量的共同的东西。因此，这二者必须等于第三种东西，而这第三种东西既不是小麦也不是铁。所以，这两种东西都必须能化成第三种东西。撇开使用价值，两种东西只剩下一种共同属性，即两者都是劳动产品。因此，从理论上讲，一件物品之所以具有价值只是因为人类劳动体现在这件物品上。由此可以得出，使用价值或者一件有用的物品之所以具有价值，只是因为理论上人类的劳动物化到了其中。劳动本身的量用劳动的持续时间来计量，而劳动时间又是用一定的时间单位如周、天数和小时做尺度。我们一定不要把价格和价值混为一谈。一件物品可能具有价格而没有价值。例如，未开垦的土地有价格，但没有价值,因为没有人类的劳动凝聚其中。

因此,一件商品的价值是由其中所凝聚的社会必要劳动时间所决定的。社会必要劳动时间是指在正常生产条件下,使用现代机械,在社会平均劳动熟练程度和劳动强度下进行生产所需的时间。因此,劳动生产率越高,劳动时间越少,商品价值就越低。所以商品的价值不是固定的,会随着时间和条件的变化而变化。不同的商品需要不同的劳动熟练程度,但复杂劳动是简单劳动的倍加。故而,凝聚了等量劳动的商品具有相同的价值。现在可以证明,使用价值和交换价值之间的区别可以表现为有用劳动和抽象劳动之间的差别。有用劳动生产使用价值,即不同类型的使用价值。因此,对应于不同的使用价值,在其生产中涉及不同但具体的有用劳动类型。在商品生产社会中存在着复杂的劳动分工,不同的个体从事不同类型的工作,相互交换其产品。但是,商品交换并非分工存在的必要条件。因为即便不通过市场进行商品交换,也依然存在劳动分工,即便没有劳动分工,有用的劳动也可以继续存在。[2]然而,马克思将"劳动社会分工"这一术语用于特指相互出售自己产品的独立生产者之间的分工。然而,在商品生产社会中,不同类型的有用劳动的共同特征是它们都生产交换价值。劳动本身创造价值,马克思称之为抽象劳动。[3]

劳动力价值

在资本主义社会中,劳动者只有一种商品可以出卖,即劳动力。因此,价值是以社会必要劳动时间的单位来衡量的,而不仅仅是劳动时间。这样一来,一件物品的价值取决于社会必要劳动时间,而不是向该物品所投入的劳动时间。因此,价值是一种社会现象,而不是"正统"经济理论所认为的个别现象。因为在资本主义生产方式中，劳动力是商品，资本家（从长远来看）有义务为劳动力支付工资，但支付的也只是生产和再生产劳动力所需的必要时间所决定的价值部分。因此，劳动力的价值等于维持劳动力所有者最低生存所需的生活资料的价值，再加上教育和培训所需的费用。换句话说，劳动者的生活资料必须足以使劳动者个体维持自己正常的状态。因气候和其他自然条件上的差异，对食物、衣服、燃料和住房等自然需求也就有所不同。然而，这些"必要"的需求数量和程度本身就是历史发展的产物。因此，劳动力商品价值包括历史和道德因素。假设技术不变，因为正常的劳累和死亡等原因，从市场上退出的劳动力，必须至少由同等数量的新劳动力来补充。所以，生活资料必须包括通过繁衍来延续人口所需的生活资料。劳动力的价值转化为一定数量的生活资料的价值。因此，劳动力价值随着这些生活资料，或者随着生产这些生活资料所需的社会必要劳动时间的变化而变化。[4]

剩余价值的起源

资本主义生产方式的驱动力是创造交换价值，特别是交换价值形式的剩余价值，而不是使用价值，而剩余价值的创造是一个社会过程。要创造价值，首先要有作为商品提供的劳动力以及存在可以获得生产资料的市场，然后通过出售所生产出来的商品来实现价值和剩余价值。[5]生产劳动，即用货币资本买来并进入生产过程的劳动，不仅通过再生产产出工资所预付的价值，还产生高于此水平的价值——剩余价值。资本家雇佣劳动力的动机是为了获得利润。生产劳动不是由生产的产品所决定的，为个人消费物品付出的劳动被定义为非生产劳动，因为进行这种交换既不是为了获得收入，也没有创造出剩余价值。因此，在生产劳动中，劳动以商品的形式存在，而在非生产劳动中，劳动则以产品的形式存在。[6]货币的作用也存在差异：就生产劳动而言，货币作为货币资本发挥作用，就非生产劳动而言，货币是交换的媒介。在创造剩余价值的过程中，非生产劳动无足轻重。因此，如果为非生产劳动买卖劳动力，劳动力是产品；但是，当劳动者将自己出售给资本家供其雇佣时，劳动力就变成了商品。

剩余价值的产生始于资本家带着一定数量的货币（M）来到市场，用这些货币购买生产资料（MP）和劳动力（L），预付的货币就起到了资本的作用。资本家购买劳动力后，并非将其直接用作价值的生产者。资本家拥有了原材料、机器和劳动者后，这些商品就变成了商品资本的形式（C）。因此，在这个过程中，资本家将货币资本转化为商品资本，将这些投入到生产过程后，商品资本又转化成了生产资本（P），如下所示：

$$M \longrightarrow \left. \begin{array}{l} L \\ MP \end{array} \right\} = P$$

生产过程随后将投入转化为产出，而产出可以用所包含的劳动份额来衡量。产出由生产产出的资本家占有，其形式为商品资本（C′）。将投入（L和MP）转化为产出，就是使用价值的生产。资本家售出产出，商品资本（C′）又转化回货币资本（M′），已投入的资金将返回到资本家手中，并获得增值，这就是利润。如下所示：

$$M \longrightarrow C \longrightarrow C' \longrightarrow M'$$

（一般来说，M′>M，C′>C）

由于资本家投入了货币资本，资本家又占有生产资料，所以，最终产品也属于资本家。生产成本（M）和总收入（M′）之间的差额由资本家占有。似乎对最终产出作出贡献的是整个的投入（L和MP）。然而，实际上，利润源自购买劳动力中所涉及的阶级关系，表现为源自生产过程的剩余价值，即资本家所占有的盈余或者无酬劳动。资本家除了购买生产资料，同时将劳动力作为商品购买回来。所以，劳动者在生产过程中使用生产资料的工作时间内受资本家的支配。劳动生产率由此成为资本生产率的同义词，并且似乎认可了资本家占用利润的合法性，因为资本家所购买的生产资本的所有内容都对利润创造作出了贡献。从另一方面看来，劳动者已经为资本家生产出了所支付的工资，使资本家能够重新雇佣劳动者。这样一来，劳动力是劳动力自我生产出来的。然后，循环再次开始，资本家拥有 M′。故而，马克思写道：

> 当资本家把货币转化为商品，使商品充当新产品的物质形成要素或劳动过程的因素时，当他把活的劳动力同这些商品的死的对象性合并在一起时，他就把价值，把过去的、对象化的、死的劳动转化为资本，转化为自行增值的价值，转化为一个有灵性的怪物，它用"好像害了相思病"的劲头开始去"劳动"。
>
> （Marx, 1976, p.302）

我们可以据此认为，对资本家来说，劳动力的使用价值大于劳动力的交换价值，因为劳动力的交换价值是劳动力的成本，而劳动力的使用价值等于劳动者生产出的产出。交换价值与使用价值之间的差异越大，资本家从劳动者身上攫取的剩余价值就越大。

剥削理论

不变资本指的是机器和原材料的部分价值，这部分价值在生产中被消耗，又成了产品价值的组成部分。转移到商品价值里的只是不变资本中被消耗的那部分价值（折旧和原材料）。可变资本是劳动力所代表的那部分资本，它在生产过程中再生产出与自身价值相等的价值。

为了更详细地解释不变资本的概念，我们假设一台机器只可使用6天。那么，这台机器平均每天会丧失1/6的使用价值，因此，每天有1/6的机器价值要转入到每天生产出的产品中。所以，生产资料向产品转移的价值，永远不会超过它们在劳动过程中因为自身使用价值丧失而失去的价值。我们现在进一步假设一台机器价值1000英镑，并将在1000天内损耗掉。在这种情况下，机器的价值每天有1/1000从机器本身转入到机器每天生产出的产品中。与此同时，整个机器仍然不断地在劳动过程中发挥作用，是全部进入劳动过程的，但进入价值增值过程的只是其中的一部分。生产资料、原材料、辅助材料和劳动工具所代表的那部分资本，在生产过程中不会发生任何价值量上的变化，马克思将这部分称为资本中的不变资本。

然而，可变资本，即劳动力所代表的那部分资本，在生产过程中出现了价值量上的变化，再生产出了自身价值的等价物以及超出这个等价物的部分，即剩余价值。剩余价值本身可能因环境而异变。这部分资本不断从不变量转换成可变量。马克思将此称为可变资本。

正如我们所看到的，剩余价值是资本家利润的源泉，是资本家从劳动者那里获得的，因为劳动力的价值（其市场价格）只是劳动者所需生活资料的价值，而劳动者使用现代机械劳动，在工作日只需工作几个小时就可以挣得生活资料的价值（工资）。因此，劳动者在工作日剩余的时间内生产出的价值被资本家以剩余价值的形式占有。因此，剩余价值是劳动者创造，但却被资本家所占有的价值。剩余价值率可以由生产商品所必需的资本（K）所确定，它包括两个部分：不变资本（c）和可变资本（v）。从而：

$$K = c + v$$

但是，正如我们所看到的，只有可变资本（v）能创造剩余价值（s）。比如，一个劳动者每天工作10小时，只需5小时就可以生产出与其工资相等的价值，这称为必要劳动时间。剩余的5小时，劳动者为资本家无偿工作，创造出了剩余价值，但被资本家所占有。剩余价值率可以通过下面的公式表示：

$$剩余价值率 = s/v = 剥削率$$

也就是说，剩余价值率是劳动者或工人受资本剥削的程度的准确表现，可以使用机器来提高剩余价值。机器提高了劳动生产率，从而减少了劳动者生产自身生活资料所需的劳动时间。这样就可以雇佣不那么强壮的人，从而增加剩余价值。因此，由于生存工资必须足以养家糊口，从一个家庭中雇佣两个或两个以上的家庭成员，就有可能以同样的工资标准来占有更多的劳动时间。机器为资本家提供了延长劳动时间的手段。这是因为机器不会因使用而产生疲劳，将机器闲置不用就是浪费，这就使得资本家尽可能提高机器的使用率。虽然劳动力会随着使用而贬值，但机器由于某些原因（例如生锈），也会贬值。这是资本家要充分利用机器的另一个动机。此外，还有马克思所描述的"无形"损耗（由于技术进步而过时），使得资本家更加充分使用机器，进而延长了工作日。然而，促使资本家延长工作日的还有一个矛盾：相对于活劳动，使用的机器越多，可供剥削的活劳动就越少。为了弥补这种剩余价值在源头上的下降，资本家必须更充分地利用留下的劳动力，从而使得劳动者工作强度加大。由于机器加速运转，或者纪律的加强，劳动者被迫在工作期间更加地努力工作。

总结

自18世纪以来，价值的来源这个问题一直在经济学中占主导地位。虽然主流是用边际效用这一概念来解释价值的来源，但马克思运用的是牢牢地植根于古典政治经济学的剩余理论传统的价值理论。产品只在资本主义社会才呈现为用以交换的商品，从价值关系作为资本主义社会关系的特定性质而言，价值理论必定是理解资本主义生产方式的关键因素。在价值理论中，使用价值是商品满足人的需求的属性，交换价值取决于在商品市场上交换使用价值的一系列比例。因此，人们发现物的价值由凝聚在物上的人类抽象劳动决定。故而，物的价值可以通过物上所凝聚的社会必要劳动时间进行量化，从而使得马克思能够引入劳动力和剩余价值生产的概念，由此解释剩余价值的起源，并且指出，对资本家来说，劳动力的使用价值大于劳动力的交换价值，通过剥削过程，资本家占有了劳动力所创造的剩余价值。

4
马克思对古典政治经济学的批判

简介

马克思在批判中试图揭露古典价值规律中的四个根本性错误。第一个错误是古典价值规律将劳动和劳动力混为一谈,马克思在其工资理论中对此予以了纠正。第二个错误是古典价值规律无法解释剩余价值的起源,马克思在其资本理论中对此予以了纠正。第三个错误是混淆了"价值"和"价格",马克思在分析转化问题时纠正了这个错误。最后,马克思认为古典价值规律无法解释地租的出现。马克思解决了转化问题,从而为解释地租的出现奠定了必要的前提条件。

劳动和劳动力的区别

> 劳动本身具有交换价值,不同类型的劳动具有不同的交换价值。如果将交换价值作为交换价值的衡量标准,就会陷入一个恶性循环,因为用作衡量标准的交换价值本身又需要另一个衡量标准。从而引出了以下问题:既然劳动时间是价值的内在衡量标准,那么如何以此为基础确定工资呢?
>
> (Marx,1970,pp.61-62)

这是马克思首次批判李嘉图的劳动价值论。劳动要么按其价值出售，要么不按其价值出售。如果按其价值出售，那么劳动价值论就是没有意义的，如果不按其价值出售，那么最重要商品的买卖就全部违背了价值规律。因此，从逻辑上讲，既要遵守劳动价值论，同时又要形成一个前后一致的工资理论，似乎是不可能的。鉴于此，马克思需要证明，尽管决定价值的是商品中所凝聚的劳动量，但决定价值的并不是该商品的价值。为了克服这种逻辑上的不一致，马克思将劳动和劳动力彻底分开。劳动是一种活动，不是商品，无法买卖。因此劳动没有价值，因为"价值"这个范畴只适用于商品。在"劳动力市场"中买卖的是劳动力，并且明晰了作为商品的是劳动力，马克思因而能够创造出与自己的价值理论相一致的工资理论（即劳动力价值理论）。

李嘉图的工资理论采用了马尔萨斯（Malthusian）人口论来说明如何将长期均衡的实际工资维持在生存水平上。李嘉图的途径是这样的：如果实际工资因劳动需求过大而上涨，那么人口就会增加，劳动力供给也就会增加，直到实际工资通过供求关系恢复到维持生存的水平。这表明长期供给曲线在维持生存水平上是非常灵活的。然而，马克思认为，劳动力供给的反应所涉及的时滞过长。因此，古典工资理论依赖于一种在所有经济中都会发挥作用的生物法则。然而，对马克思来说，"工资"是一个具有特定历史性的范畴，只在资本主义生产方式中才有意义。所以，马克思试图找到一种专门与资本主义经济相关的工资理论。此外，他批评说古典政治经济学没能提供这样的法则，特别是古典工资理论将劳动力市场单独拿出来，认为它属于特殊情况，不适用价值理论。李嘉图通过资本主义社会制度特有的法律解释了除劳动力外的所有其他商品的价值，却对"劳动价值"进行了截然不同的分析。对马克思来说，这是不可接受的。

马克思认为，确定资本主义的是劳动力作为商品的地位，也正是这一点将资本主义与封建主义或简单的商品生产区分开来。因此，劳动力是所有商品中最重要的商品，这使得马克思需要形成一种能满足两个标准的工资理论。马克思坚称，由于劳动力与其他任何商品一样，是一种商品，确定劳动力的价值的要素必须和确定其他任何商品价值的要素一样。因此，马克思试图将劳动理论应用于分配领域，而维持长期均衡的劳动力价格与其价值相等的机制，必须深深植根于资本主义生产方式的特定性质。一旦将劳动与劳动力明确区分开来，第一个标准就很容易得到满足。根据劳动价值论，商品的价值取决于生产它所用的劳动量（在现行技术条件下）。生产和再生产劳动力所需的劳动时间，必须能够维持劳动者的工作能力以及劳动者的家庭生活。正是这一点决定了劳动力的价值，进而决定了工资的长期均衡。因此，与李嘉图一样，马克思有一个糊口工资理论。既然资本家生产劳动力不是为了利润，那么必须对这一途径详加说明，即平均实际工资和长期的实际工资是如何保持在维持生计的水平上的？

马克思用一个资本积累过程中所特有的要素——产业后备军（失业者）取代了背离历史的马尔萨斯人口论。产业后备军也是人口过剩的一种形式，但与古典政治经济学中的概念截然不同。资本主义制度本身生产资本主义生产方式所特有的相对过剩人口。产生和再产生失业的力量是技术变革和资本积累的本性所固有的，使得不变资本的增长速度超过可变资本，以此提高生产率。因此，资本的有机构成（定义为不变资本与可变资本之比）的提高，使得资本增加劳动供给的速度高于资本对劳动者的需求。

还有两个因素导致产生了产业后备军。首先，这些技术变革在农业中应用，导致人口向城镇迁移，农村地区出现严重的就业不足。

第二，国内工业中仍然存在马克思所描述的经受残酷剥削的非固定就业工人，形成了产业后备军中的停滞过剩人口。因此，产业后备军的存在，意味着工人要为工作进行竞争，使得从长期来看实际工资不会超出维持生存的水平。所以，马克思对工资理论的论述，就是明确地专门针对资本主义的，其理论和劳动价值论完全一致。因此，马克思发现要想纠正古典政治经济学中的逻辑缺陷，并使得工资理论与价值理论相一致，就必须要将劳动和劳动力区分开来。他提出了一种资本主义特有的劳动力价值理论，该理论不包含有马尔萨斯人口理论这一违背历史的自然主义。产业后备军这一资本积累所固有的结果，使得工资维持在生存水平。马克思通过雇佣劳动理论抨击了古典价值论，形成了其对古典剩余价值论批评的基础。

资本理论

> 如果一个产品的交换价值等于它所包含的劳动时间，一个工作日的交换价值就等于一个工作日的产品。换句话说，工资应当等于劳动的产品。但是实际情形恰好相反。因此，这种质疑实际上提出一个问题：在仅由劳动时间决定的交换价值的基础上进行生产，如何会导致劳动的交换价值小于其产品的交换价值？这个问题，我们在研究资本时解决。
>
> （Marx, 1970, p.62）

古典经济学家坚持认为，收入源自生产而不是交换，而且，收入来自按照（而不是高于）商品价值销售的商品。但是，如果劳动是价值唯一的源泉，为什么产品不是全部归劳动者所有呢？在处理这个问题时，马克思对比了两种不同类型的社会：简单商品生产社会和资本主义社会。在简单商品生产社会中，商品按照生产商品所需的劳动量所确定的比例进行交换，消费商品的只有生产者。[1]然而，在资本主义社会中，劳动力本身成了一种商品。

对于马克思来说，"资本"首先是垄断生产资料的少数阶级对没有财产的劳动者的权力的体现。他解释如下：

> 资本不是物，正像货币不是物一样。在资本中也像在货币中一样，人们的一定社会生产关系表现为物对人的关系，或者一定社会关系表现为物的天然的社会属性。倘若没有一个依靠工资生活的阶级，当个人作为自由人彼此面对的时候，就没有剩余价值的生产；没有剩余价值生产也就没有资本主义生产，从而也没有资本，没有资本家！
>
> （Marx，1970，p.1005）

马克思在其他地方写道："……资本不是一种物，而是一种以物为媒介的人和人之间的社会关系"（Marx，1970，p.932）。与这种社会结构差异相联系的是收入分配上的差异。现在，非生产者以地租、利息和利润的形式分享社会产品。似乎可以认为这与劳动价值论相一致，因为看上去，正如亚当·斯密所认为的那样，由于利润加到商品的身上，所以商品的价格大于商品的劳动价值。马克思完全不同意这一点，在这里，他对劳动和劳动力的区分对分析再一次发挥了至关重要的作用。因此，劳动力价值取决于生产维持劳动者生存所需的生活资料的劳动量。然而，这些与工人的劳动产品没有必要的关系，劳动产品可能会大得多。这是因为，工作日中，劳动者只需用一部分时间就可以生产出足够维持劳动者和劳动者家庭生存所需的生活资料。在剩余的工作时间里，劳动者进行的是马克思所说的"剩余劳动"：劳动者的生产只是为了资本家的利益。

竞争理论

古典政治经济学将"价值"和"价格"混为一谈,其根源在于竞争理论。在古典政治经济学中,竞争理论这一问题有两个方面。一方面,供需波动使得日常市场价格偏离长期均衡。在这一点上,马克思基本上同意李嘉图的观点,认为这是一个相对次要的问题。另一方面,长期均衡("自然")价格偏离劳动价值,这是一个更加严重的问题。马克思认为,如果资本的构成不同,而竞争往往会使得行业间的利润率趋同,那么上述背离就是不可避免的。李嘉图试图通过归因于固定资本和流动资本的比例差异来解决这个问题。然而,李嘉图所使用"价值"术语前后不一致。有时指的是劳动价值,有时指的是均衡价格。因此,如果"自然"价格和劳动价值不一致,他就无法令人信服地解释劳动价值论仍然有效了。这是转化问题的症结所在,但如果不首先解决资本理论,就无法正确理解这一点。

整个问题的核心是不变资本和可变资本之间的关系。马克思假设的是,在一个竞争性经济体中,各部门利润率都是一样的,但资本的有机构成(不变资本与可变资本的比值)是不一样的。马克思随后指出,大体看来,劳动价值和长期均衡价格必定相互背离。他试图表明,背离会改变劳动价值论的运行,并且,必须借助价值理论才能理解这种背离,而价值理论在逻辑上先于均衡价格分析。

如表4.1所示,马克思构建了一个由3个部门("部类")组成的简单的资本主义经济。这些部类生产生产资料(铁)、生活资料(小麦)和"奢侈"商品(黄金)。其经济产出足以在下一周期维持同样水平的产出。此外,这里没有地主,资本家的全部收入均由资本家消费掉,即积累率为零,马克思称之为简单再生产,我们将在第六章对此详加论述。在第一部类中,生产出120吨铁需要投入40

小时的劳动和80吨的铁。在第二个部类中，生产60夸特的小麦需要10吨铁和50小时的劳动。在第三个部类中，生产60盎司黄金需要30吨铁和30小时的劳动。在第一部类中，生产1吨铁需要1小时的总劳动投入（包括直接和间接的劳动投入）。其中，直接劳动价值占40/120 = 1/3，间接劳动价值（生产每吨产出铁所需原料铁的劳动）占80/120=2/3。1吨铁的劳动价值（λ）是：

$$\lambda = 1/3 + 2/3$$
$$\rightarrow \lambda = 1$$

那么，第一部类中铁的总产出价值是120 × 1 = 120。

同样，1夸特小麦和1盎司黄金各含有1个单位的劳动价值，两个部类的产出价值均为60。故此，每个部类（全部用铁表示）所用的不变资本是：

第一部类：80

第二部类：10

第三部类：30

总计为120。

表4.1 价值转化为价格

(a) 生产条件				
	生产资料	投入	劳动	产出
第一部类	80吨铁	+	40小时	120吨铁
第二部类	10吨铁	+	50小时	60夸特小麦
第三部类	30吨铁	+	30小时	60盎司黄金
总计	120吨铁		120小时	

(b) 价值体系							
	不变资本 (c)	可变资本 (v)	剩余价值 (s)	价值 (c+v+s)	剥削率 (s/v) (%)	资本有机构成 (c/v)	利润率 [s/(c+v)] (%)
第一部类	80	20	20	120	100	4	20
第二部类	10	25	25	60	100	0.4	71.4

续表

	不变资本 (c)	可变资本 (v)	剩余价值 (s)	价值 (c+v+s)	剥削率 (s/v) (%)	资本有机构成 (c/v)	利润率 [s/(c+v)] (%)
第三部类	30	15	15	60	100	2	33.3
总计	120	60	60	240			

(c) 马克思的价格体系

	1	2	3	4	5=[4×3]	6=[3+5]	7	8	9
	不变资本 (c)	可变资本 (v)	成本价格 (c+v)	平均利润率	利润	生产价格	价格减去价值	利润减去剩余价值	价格价值比
第一部类	80	20	100	0.33	33.3	133.3	13.3	13.3	1.11
第二部类	10	25	35	0.33	11.7	46.7	−13.3	−13.3	0.78
第三部类	30	15	45	0.33	15	60	0	0	1
总计	120	60	180		60	240	0	0	

来源：Howard and King（1985），p.99。

使用的活劳动的小时数：

第一部类：40

第二部类：50

第三部类：30

总计为120。（将依照剥削率分成有酬劳动和无酬劳动两部分。）

如果我们现在假设剥削率是100%，那么，我们就是假设活劳动的必要部分和剩余部分的时间是相等的。那么，这就可以得出如下的可变资本和剩余价值数量：

第一部类（20v + 20s）

第二部类（25v + 25s）

第三部类（15v + 15s）

三个部类的可变资本总和（20v+25v+15v）等于小麦产出的劳动值。这是因为工人们把所有的收入都花在了购买小麦上（而且他们是唯一的购买者)。黄金产出的价值(60)等于资本家获取的剩余价值之和(20s + 25s + 15s)[①],这是因为资本家将所有收入都用来购买黄金了。如果劳动价值论成立,那么每个部类的利润率(r)就是剩余价值与各部门所用的总资本(不变资本和可变资本)之间的比率。

$r_i = s_i / (c_i + v_i)$ (其中 i = 第一、二或第三部类)

该模型中假定没有固定资本,因此,不变资本和可变资本正好每年流转一次,所以,流动资本完全由不变资本和可变资本构成。[2] 马克思认为,由于这只是一种简化,所以固定资本对分析没有什么影响。

每个部类的利润率为:

第一部类 = 20 / (80+20) =20.0%

第二部类 = 25 / (10+25) =71.4%

第三部类 = 15 / (30+15) =33.3%

因此,在这三个部类中,利润率与资本的有机构成(c/v)之间存在着密切的反比关系:

第一部类 = 80/20 = 4.0

第二部类 = 10/25 = 0.4

第三部类 = 30/15 = 2.0

所以,资本的有机构成越高,利润率就越低。然而,在成熟的竞争性资本主义经济中,这样的利润率差异是不可能长期维持下去的。这是因为资本家将放弃无利可图的行业,投身于利润率更高的行业,而正是这种资本流动确保了利润率趋向一致。事实上,资本流动将一直持续,直至利润率达到均等。从而会确定长期均衡价格

---

① 英文原著中为(20s+25s+150s),根据上下文,推测原文有误,应为(20s+25s+15s),故改之。——译者注

（或"生产价格"），并可预见长期均衡价格会偏离劳动价值，而且会根据社会生产中的投资额（股票数量）来分配利润。

在表4.1（c）中，马克思对价值转为价格，剩余价值转为利润，进行了必要的转化。平均利润率是总剩余价值与总资本（不变资本加可变资本）之间的比率：这里是 60 / (120 + 60) = 0.33（第4列）。对于各个部类，将不变资本加上可变资本计算出资本存量，资本存量也等于成本价格，并表示为（100 + 35 + 45）= 180（第3列）。我们将每个部类的成本价格乘以平均利润率，就会得到付给资本家的利润（第5列）。最后，如果我们将利润加到成本价格上，我们就得到了生产价格。

我们可以发现，第一部类的资本有机构成高于平均值，生产价格就高于其价值。也就是说，价格与价值的比率是1.11（第9列）。此外，第一部类所获得的利润也大于剩余价值（+13.3）（第8列）。然而，在第二部类中，情况正好相反，因为它的有机构成相对较低（0.4），而生产价格低于价值，比率为0.78（第9列）。利润为11.7，低于剩余价值（25），二者的差值为−13.3（第8列）。第三部类是一个特例，它的资本有机构成等于整个经济体的平均资本有机构成。因此，120/60=2的资本有机构成是特殊情况，其中生产价格等于价值（60=60），利润等于剩余价值（15 = 15）。此外，我们可以看到，对整个经济体而言，价值总和等于价格总和（120 + 60 + 60 = 133.3 + 46.7 + 60 = 240），总剩余价值等于总利润（20 + 25 + 15 = 33.3 + 11.7 + 15 = 60）。

这些等式构成了马克思论点的基础，即劳动价值论是确定生产价格和利润率的必要条件。因此，"转化"就是将剩余价值从资本有机构成较低的行业再分配给资本有机构成高的行业，需要再分配的数量相当于所体现的劳动数量。所以，从逻辑上讲，价值优先于生产价格，剩余价值优先于利润。只有竞争足够激烈，资本的流动性足够旺盛，部类之间利润率的均等化才可能出现。在发展的早期阶段，价格和劳动价值是相等的，不同行业的利润率有所差异。因此，单个资本家所获得的利润，不等于他从所雇佣的工人身上榨取的剩余价值的数量。利润和榨取的剩余价值相同是一种特例，要在资本的有机构成等于社会平均值时才能出现，比如例子中的第三部类。一般来说，等量的资本生产的剩余价值是不一样的，但产生的利润是一样的。资本家将利润归功于资本的力量，没能看到利润的社会根源是剩余价值，剩余价值的社会根源是剩余劳动。工人则认为，他们每个小时的劳动都是有偿劳动，没有看到工作日中的无酬劳动，而这正是剩余价值的来源。故此，资本家和工人双方都搞错了。

地租理论

古典政治经济学中的第四个错误在于其对地租形成的解释。虽然亚当·斯密认为地租是产出价值的组成部分之一，但大卫·李嘉图提出，地租的存在与劳动价值论并不矛盾。对李嘉图来说，小麦的价值取决于在最不利条件下生产小麦所需的劳动量。要产出同等量的小麦，边际内地块需要的劳动较少，故而为地主贡献了大部分地租。因此，很自然，与耕种边际处的土地相比，土地越肥沃，地租就越高。故而，对于李嘉图来说，地租纯粹是一种差别性收入，边际处的土地不会取得地租。

马克思认同李嘉图的论证逻辑，但马克思认为这一论证的限制性太强，因为只要把价值到价格的转化问题纳入进来，边际地块能获得地租这一情况就不会与劳动价值论相冲突。问题来了，如果一个农场主赚取了和其他所有资本家相同的利润，那么他就占有了劳动时间，可是地租究竟从何而来？为什么农业剩余劳动会自行分解成利润和地租，但在工业中却只有利润呢？马克思对此的回答是：

农业的资本有机构成比例较低,因此生产的价格低于小麦的价值。但是,根据马克思的理论,土地并不是商品,因为人类劳动无法再生产出土地。土地所有者垄断了土地所有权,所以能够将那些会形成超额利润的剩余劳动压榨出来。但这并不是说土地所有者可以迫使商品的价格高于其价值,恰恰相反:垄断有可能使得商品的价值维持在高于平均价格的水平,使得按照(不是高于)商品的价值出售商品。为了说明这一点,马克思假设农业和工业使用资本总量相同,都是100。但不变资本和可变资本的占比不同,工业为80(c):20(v),农业为60(c):40(v)。马克思进一步将剥削率假定为100%。因此,产出价值是:

工业:80c + 20v + 20s = 120

农业:60c + 40v + 40s = 140

然后,将价值转化为生产价格,以平衡两个部类间的利润率。两个部类的产品都按130的价格卖出,并且两部类的平均利润率都是30%。因此,农产品的销售价格会低于其价值。但需要注意的是,只有在土地不是私人所有的情况下,这种情形才有可能出现。因此,在资本主义社会,地主能够将农业产出的价格维持在与其价值相等的水平。所以,小麦的销售价格为140,地主通过地租的形式从40个单位的剩余价值中拿走了20个。农业资本家留下了20个,从而获得了与工业资本家相同的利润率。故此,对于马克思来说,地租理论不是李嘉图所认为的自然法则,而是社会法则。地主是资本主义社会的寄生虫,在不对整个资本主义社会的运转产生不利影响的前提下,可以将其消灭。随着现代技术应用于农业,资本的有机构成将上升到社会平均水平,此时价值不再高于生产价格,绝对地租也将消失。

因此,我们可以看到,马克思提出的地租理论与李嘉图的论证在本质上大有不同。故此,不要求农业生产率随着积累的增加而下降。这是因为，农业中资本的有机构成比例较低，意味着尽管农业生产率的增速可能低于工业，但农业生产率确实会随着时间的推移而上升。虽然地租不是农产品生产价格的一部分，但确实是最终销售价格的组成部分，最终的销售价格将等于较低的生产价格。这表明，李嘉图的错误在于，认为地租由价格决定，而非将地租看作决定价格的一个因素。

利润率下降和萨伊定律

马克思对古典经济发展理论进行了批评，主要着力于该理论的两个主要方面：李嘉图对利润率下降的分析，以及萨伊定律在资本主义生产方式中的有效性。对于利润率下降，马克思以自己对古典价值论的批判为基础进行了分析。马克思先说明了李嘉图的地租理论为什么是不正确的，然后指出，由于李嘉图未能区分不变资本和可变资本，故而将利润率（r）与剥削率（ϵ）混为一谈，并由此认定利润率的下降是由农业劳动生产率下降造成的。这样，要想继续生产出劳动者维持自身生存的口粮，就必须相应延长工作时间。但是，马克思认识到，通过使用可以提高资本有机构成的技术，现代工业可以得到发展，使得工业中的劳动后备军数量增加。同时，由于利润率可以表示为剥削率（ϵ）与资本的有机构成（k）之间的关系，如果资本的有机构成的提升速度超过了剥削率，那么利润率（r）必然下降。

因此，如果：

$$r = \frac{s}{c+v}$$

那么：

$$r = \frac{s/v}{c/v + 1}$$

剥削率是：

$$\epsilon = \frac{s}{v}$$

资本有机构成是：

$$k = \frac{c}{v}$$

因此：

$$r = \frac{\epsilon}{k+1}$$

所以，如果k上升快于∈，则r将下降。

这一分析的关键点在于，r的下降是由于劳动生产率的提高，这与李嘉图所提出的观点截然相反。

马克思在对萨伊定律的批判中，批评了这样一个命题，即存在一种内生机制，自动确保存在着足够的总需求，当商品在市场上出售时，足以实现商品中所包含的全部剩余价值。[3]马克思认为，萨伊定律，即"供给能够创造其本身的需求"是正确的，但只适用于物物交换的经济中。然而，在使用货币的市场经济中，供给不能创造其自身的需求了。这是因为有可能只卖不买，还可以将销售所得节省下来，因此总供给可能大于总需求。从本质上讲，马克思对萨伊定律的批判显然早于凯恩斯对萨伊定律的批判。事实上，已经有学者（Junankar, 1982, p.141）认为马克思对萨伊定律的批判为克劳尔（Clower）的双重决策假说奠定了基础。

总结

马克思发现古典价值论存在四个严重的问题，缺乏逻辑，前后不一致。马克思在对该理论进行批判时，解决了这四个问题，由此产生了马克思的工资理论和资本理论，以及对价值与价格差异的说明，并借助竞争理论在价值和剩余价值转化为价格和利润过程中对此进行了解释。因此，马克思指出，尽管价值取决于商品所体现的劳动量，但并不意味着价值必须依赖于该商品的价值。他主要是要通过区分劳动和劳动力来说明这一点的。劳动力在资本主义生产方式中是商品，与其他任何商品一样可以买卖。这使得马克思能够形成与价值理论完全一致的工资理论，他与李嘉图不同，并不依赖与历史相悖的马尔萨斯人口论。马克思的工资理论依赖的是一种资本主义所特有的机制。工业劳动后备军是由资本主义制造的，并为资本主义服务，防止实际工资增长最终超过维持生计的水平。马克思著作中争议最大，争论最激烈的可能是所谓的"转化问题"，我们将在下一章中更详细地探讨这个问题。

5 转化问题——复杂的迂回路线

简介

马克思有关价值转化为价格、剩余价值转化为利润的论述，主要见于《资本论》第三卷第九章。对马克思这一论述的阐释、重要性和准确性方面的争论持续不断。自马克思首次提出以来，关于这一主题的著述比比皆是，在未来很长时间里，有关的探讨肯定仍会持续不断。在这一章中，我们将先考察马克思对"转化"过程的探讨，然后再研究由此所引发的批判和反批判。这并不意味着"转化问题"是马克思主义政治经济学最为重要的内容。确实，很多人认为着力探讨这个问题是舍本逐末，让人讨厌，又不适宜。但就彻底驳倒"正统理论"对资本主义经济运行的解释而言，"转化问题"依旧给马克思主义经济学家造成了最大的困难。非马克思主义者经常抓住这个问题不放，认为这是马克思主义政治经济学中"不堪一击"的一环。

正是出于这个原因，我们应该了解围绕"转化问题"展开的辩论，以及20世纪在"转化问题"理论化方面取得的进展。我们可以将"转化问题"理论化划分为两个主要阵营。第一个阵营我们可将其称之为"根本缺陷"论，由柏姆-巴维克（Bohm-Bawerk）（1896）、萨缪尔森（Samualson）（1957）、塞顿（Seton）（1957）、斯蒂德曼

(Steedman)（1977）等学者提出。第二个阵营是"需要正确理解马克思"论，这一阵营的学者包括森岛通夫（Morishima）（1973）、雅非（Yaffe）（1973）、谢克（Shaikh）（1977）、杜梅尼尔（Dumenil）（1980）、富勒（Foley）（1982）、克里曼（Kliman）和麦克格伦（McGlone）（1988）等人。

马克思的程序

在《资本论》第三卷第九章开篇，马克思就再次强调，资本的有机构成取决于劳动力与所使用的生产资料的比例，也取决于生产资料的价格。马克思专门指出，必须用百分比来表示。他假定剥削率100%，并以此为基准点进行分析。假设不变资本的贬值对利润率没有影响，故此将不变资本作为一个整体完全转入全年的产品中。然后，假设在不同生产部门实现的剩余价值量与各生产部门中可变资本的规模成正比。马克思指出，虽然周转时间如果发生变化，结果会发生变化，但是为了便于论述，在这个分析阶段，他没有考虑周转时间的影响。

因此（如表5.1所示），马克思研究了具有不同有机构成的5个生产部门，各部门的总资本都是100。因此，平均有机构成就是78c+22v，平均剩余价值为22，平均利润率为22%。因此，对于各个生产部门而言，总产品的任何五分之一的价格都是122，故而需以122的价格出售。然而，马克思解释说，如果认为所有成本价格都是100，那么就会得出错误的结论。所以，我们必须考虑与固定资本和流动资本相关的不变资本的比例构成。此外，固定资本可能会以不同的速率折旧，所以在同一生产周期内赋予产品不同的价值。然而，这与利润率无关，因为产品成本价格（c+v）小于产品的价值（c+v+s）。对于已经用掉的不变资本（c′）也是如此，因为（c′+v）<（c′+v+s）。

在表5.1中，5个生产部门的剩余价值率是相等的。如果有的部门以高于价值的价格销售产品，其余部门以低于价值的价格销售产品，将平均利润（22）加到预付资本（100）后，价格同价值的偏离就相互抵消了。马克思解释说，这是一个重要的结果，因为它表明只要产品按照这样的价格出售，尽管它们的资本有机构成不同，但利润率是相等的，都是22%。

求出来自不同生产部门中的不同利润率的平均数，把这个平均数加到不同生产部门的成本价格上，由此得到生产价格。而生产价格的先决条件是存在有一般利润率，这样，就可以将各个生产部门的利润率还原为平均利润率。因此，"商品的生产价格，等于商品的成本价格加上依照一般利润率按百分比计算应加到这个成本价格上的利润，等于商品的成本价格加上平均利润"（Marx, 1981, p.257）。由于不同生产部门的资本有机构成不同，依照总资本中可变资本的百分比，相同数量的资本（此处为100）会生产出不同的剩余价值。因此，利润率是趋向平衡的，直到达到不同利润率的平均值，即一般利润率。

表5.1 马克思的转化程序

资本	剩余价值率(s/v)	剩余价值(s)	价值(c+v+s)	利润率	已经用掉的不变资本(c')	商品价值(c'+v+s)	商品成本价格(c'+v)	平均利润率	价格同价值的偏离
部门一：80c + 20v	100%	20	120	20%	50	90	70	22%	2
部门二：70c + 30v	100%	30	130	30%	51	111	81	22%	−8
部门三：60c + 40v	100%	40	140	40%	51	131	91	22%	−18
部门四：85c + 15v	100%	15	115	15%	40	70	55	22%	7

续表

资本	剩余价值率（s/v）	剩余价值（s）	价值（c+v+s）	利润率	已经用掉的不变资本（c'）	商品价值（c'+v+s）	商品成本价格（c'+v）	平均利润率	价格同价值的偏离
部门五：95c + 5v	100%	5	105	5%	10	20	15	22%	17
总计：390c +110v		110		110%		422			0
平均：78c + 22v		22		22%		84.4			0

马克思接着举了一个计算生产价格的例子。假定总资本为500，其中100为固定资本，400为流动资本，并且在流动资本的每一个周转周期内，固定资本的损耗为10%。再假定平均利润是10%，那么成本价格就是：

$$10c+400（c+v）=410$$

因此：

$$生产价格=410（成本价格）+50（10\%的利润）$$
$$=460$$

因此，尽管每个资本家收回了生产其商品所用掉的资本价值，但并没有得到本部门生产这些商品时所生产的剩余价值（也就是利润）。马克思用股份公司股东为例来解释这一点。假设每100单位资本均衡地分配一份利润，然后依据每位股东拥有的股份数量计算利润。所以，虽然成本价是由其各自生产部门的支出决定的，但利润是由利润量平均分配在所投入的各个资本上的量所决定的，是将总生产所使用社会总资本平均后得到的。

因此，单个资本家的商品的成本价格是明确的，但是加到成本价格的利润和特定的生产部门是没有关系的，因为它是每100单位投入资本的平均值（即总资本的平均百分比）。再次，为了用更通俗易懂的语言说明这一点，马克思假设这五个生产部门都为一人所有。

每种商品的成本价格会有所不同,每个部门产生的利润可以计到总资本的利润上,用一个精确的除数除以每100单位资本。因此,成本价格会有所不同,但每100单位资本所带来的利润在销售价格中所占的比例将是一样的。因此,商品的总价格将与商品中所含的总价值相等。所以,整个社会的生产价格总和等于其价值的总和。

然后,马克思论述了下列情况引发的问题:如果我们认为生产资本是在市场上购买的,那么生产资本的价格中可能包含已经实现了的利润,也就是说一个生产部门的生产价格就成为另一个生产部门的成本价格的组成部分。"但是,如果我们把全国商品的成本价格的总和放在一方,把全国的利润或剩余价值的总和放在另一方,那么很清楚,我们就会得到正确的计算"(Marx,1981,p.260)。

假设有w、x、y、z四种商品。商品w的成本价中可能包含x、y和z的利润。如果以此计算,w的利润将不会计在自己的成本价格中,同样,x、y和z的利润也不会包含在各自的成本价格中。因此,在成本价格中都不包括自己的利润。如果有n个生产部门,每一个部门的利润都是(π),那么成本价格(ψ)是:

$$\psi = n\pi$$

因此,如果一个生产部门的利润进入另一个生产部门的成本价格,这些利润已经计入了最终产品的总价格一方。而由于该产品是生产资本,其生产价格不能加入另一种商品的成本价格。如果有一个总额π表示生产资料的生产者的利润,加入一个商品的成本价格,又有一个利润π_1加到这个成本价格上,那么:

$$总利润(R) = \pi + \pi_1$$

因此,商品的总成本价格抽去一切代表利润的价格部分后,就是这个商品本身的不包括R(总利润)在内的成本价格。

$$\psi + R = \psi + \pi + \pi_1$$

由于每一个资本的产品都可以这样看待,好像其中一部分只补偿资本，另一部分只代表剩余价值。加入某种商品的剩余价值多多少，加入另一种商品的剩余价值就少多少，因此，商品生产价格中包含的偏离价值的情况会互相抵消。"总的说来，在整个资本主义生产中，一般规律作为一种占统治地位的趋势，始终只是以一种极其错综复杂和近似的方式，作为从不断波动中得出的，但永远不能确定的平均数来发生作用"（Marx,1981,p.261）。因此，对资本主义制度整体而言，不同部门的周转周期上的差异将趋于消失。这是因为一般利润率是从不同部门的平均利润率得来的，而周转周期上的差别反过来又是确定各生产部门利润率的关键因素。马克思接着解释说，他建构一般利润率形成时，假定每个生产部门的总资本为100，以突显利润率在百分比上的差异以及100单位的资本所生产的商品在价值上的差异。但是，由于剩余价值生产过程中有机构成的作用，每个部门生产的剩余价值实际上取决于所使用的总的资本量。为了说明这一点，马克思假定有A、B、C、D四个资本或部门，它们有不同的资本有机构成。然后，他展示了所产生的总价值如何随着每个部门的资本总量发生变化。于是，一般利润率不仅取决于不同生产部门间的不同的利润率，而且还取决于其在平均利润率形成中的相对权重。借助相对权重，马克思关注的是各个部门资本的相对规模与所投入的总资本的关系。此外，利润率取决于投入在各生产部门的资本量，相对于社会平均值，有的部门资本有机构成相对较高，有的相对较低。因此，决定一般利润率的是不同生产部门的资本有机构成，以及这些不同部门间的总资本分配情况（如表5.2所示）。

至此，马克思解释说，商品的部分价值已经"分拆"出来，成为成本价格（ψ），而生产价格已经发展成为一种转化后的价值形式。他对此做了如下说明：

假设年剥削率为100%，并且社会平均资本有机构成为80c+20v，则年均利润率为20%。因此，商品的生产价格将是（ψ+20）。对于低于平均有机构成的生产部门，即有机构成为（80-x）c+（20+x）v 的部门，其年利润为（ψ+20+x），x高于生产价格。对于有机构成高于社会平均水平的生产部门，即有机构成为（80+x）c+（20-x）v，其年利润为（20-x），商品价值为（ψ+20-x），x低于生产价格。假设资本周转没有差异，只有在资本有机构成等于社会平均值（80c+20v）的情况下，商品的价值才等于商品生产价格。

表5.2 利润转化为平均利润

（a）

资本	v	c	s	
A	25	75	25	25
B	40	60	40	40
C	15	85	15	15
D	10	90	10	10
			90	90

平均利润为 $\frac{90}{4}=22\frac{1}{2}$，平均利润率就是 $\frac{90}{400}\times 100\%$[①]=22.5%

（b）

资本	c+v	v%	v	s
A	200	25	50	50
B	300	40	120	120
C	1000	15	150	150
D	4000	10	400	400
总计	5500			720

平均利润率=$\frac{720}{5500}\times 100\%$[②]=13.09%

[①] 英文原著为 $\frac{90}{400}\times 100$，根据上下文推测原文有误，故改之。——译者注

[②] 英文原著为 $\frac{720}{5500}\times 100$，根据上下文推测原文有误，故改之。——译者注

因此，对买者来说，确定商品的成本价格要涉及它的生产价格，并且可能要涉及确定另外一种商品的价格。因为，正如我们所看到的，生产价格很可能与价值发生分离，一种商品的成本价格包含其他商品的生产价格，故而可能高于或低于该商品总价值中由加到它里面的生产资料的价值构成的部分。"必须记住成本价格这个修正了的意义，因此，必须记住，如果把商品的成本价格看作和该商品生产中所消费的生产资料的价值相等，那就总可能有误差"（Marx，1981，p.265）。

马克思仍坚持认为，尽管存在上述的情况，商品的成本价格总是小于商品的价值，因为即使商品的成本价格偏离商品形成中所消耗的生产资料的价值，这对资本家来说也是无关紧要的。原因在于，成本价格与资本家的生产无关，而资本家生产的产物是包含剩余价值的商品。而这个剩余价值是高于其成本价格的超额价值。因此，"一般来说，成本价格小于商品价值的论点，现在实际上转化为成本价格小于生产价格的论点"（Marx，1981，p.265）。

换句话说，商品的价值取决于商品中包含的有酬和无酬劳动的总量，但成本价格只取决于商品中包含的有酬劳动的量。但是，生产价格取决于有酬劳动加上不以其所在的生产部门本身为转移的一定量无酬劳动之和。马克思用下面所列的等式说明了这一点：

$$P = \psi + \psi\pi'$$

也就是说，生产价格等于成本价格加上成本价格乘以一般利润率。因此，如果商品的成本价格为300，一般利润率为15%，则生产价格为：

$$P = \psi + \psi\pi'$$
$$P = 300 + 300 \times \frac{15}{100}$$
$$P = 345$$

然后，马克思展开了分析，解释了特定部门的生产价格在何种情况下可能出现量值上的变化，从而将资本主义经济的动态性质囊括进来。首先，一般利润率可能会随其他生产部门的变化而发生变化；其次，由于某生产部门出现技术创新，或者由于作为形成要素加入该部门不变资本的商品的价值发生了变动，则该部门的价值也可能发生变动；第三，上述两种情况共同发生作用。只有特定生产部门的利润率不断发生变化，持续了一段较长的时间，一般利润率才会发生变化。因此，在较短的时期内，生产价格的变化可以用商品的实际价值变动来说明，也就是说，要由生产商品所需的劳动时间的总和的变动来说明。但是，从社会总资本来看，由它生产的商品的价值总额=不变资本的价值+可变资本的价值+所生产的剩余价值。因此，假定剥削率不变，那么只有当（a）不变资本的价值发生变动，（b）可变资本的价值发生变动，或（c）不变资本和可变资本的价值都发生变动时，利润率才会发生变动。不管是何种情况，资本有机构成出现变动意味着一般利润率将发生变动。因此，一般利润率的变动可能是由于作为不变资本和可变资本进入到生产过程的商品的价值发生了变动，或者是假定不变的剥削率发生了变动。

马克思接着提出，尽管在剩余价值率保持不变的情况下，利润率可能会发生变化，由于资本家只对利润率感兴趣，他们就不会知晓剩余价值的真正来源。利润率和剩余价值率之间有差别，利润和剩余价值之间没有差别，利润和剩余价值在总量上是相等的。隐藏在生产过程中被掩盖的事实是，剩余价值（即利润），不是来自总资本，而是来自总资本中的可变资本部分。"因此，实际上，剩余价值本身在它的这个转化形态即利润上否定了自身的起源，失去了自己的性质，成为不能认识的东西。"（Marx,1981,p.267）

即使某一特定生产部门实际生产的剩余价值与商品出售价格中所包含的利润相一致，这只是一种偶然的现象。一般而言，利润和剩余价值是不同的。单个资本家对完整的生产过程不感兴趣，感兴趣的只是自己的生产部门生产的剩余价值，将其作为平均利润率的决定因素之一。由于价值转化为生产价格，使得生产部门的利润和剩余价值在数量上产生差异，从而掩盖了利润的真正性质以及来源。资本家不关心商品生产中消耗的总劳动，关心的只是他已经以生产资料的形式支付的那部分劳动。因此，资本家对利润形成的解释中不包含价值的概念。对马克思来说，该分析的关键点在于，如果从单个生产部门的角度来观察，一般利润率不是这些部门中的价值形成所决定的，而是由外在的条件决定的。

> 以前的经济学，或者硬是抽掉剩余价值和利润之间、剩余价值率和利润率之间的差别，以便能够坚持作为基础的价值规定，或者在放弃这个价值规定的同时，也放弃了对待问题的科学态度的全部基础，以便坚持那种在现象上引人注目的差别。
>
> （Marx, 1981, p.269）

一般利润率的变化是缓慢的，因为单个生产部门的变化往往会相互抵消，因此，只有单个生产部门的资本有机构成会发生变化时，个别的变化才会影响到一般利润率。对资本家来说，正是个别部门和一般利润率发生了分离，才掩盖了利润的来源。所以，对于作为个体的资本家来说，增加总资本的不变资本部分似乎是一个理性的决定。然而，根据之前的分析，很明显，如果代表不变资本的成本价格部分在某特定部门上升了，那么这个部分就是来自流通过程并进入商品生产过程的部分，从一开始就被放大了。但是，如果劳动生产率提高了，生产某一定数量商品所需的劳动数量就会发生变化。因此，成本价格中代表可变资本价值的那部分可能会保持不变，从而得以按照同样的规模进入总产品的成本价格。但是，每一个单一商品（其总和包括总产品）现在就包含了或多或少的（有酬和无酬）劳动，也就是说，对这些劳动所付的大概费用，即大概的工资部分。因此，资本家支付的工资总额是不变的，但如果是按照单个商品计算的话，则又是有变化的。这是因为单个商品的成本价格随着商品所包含的可变资本发生了变化，因为可变资本是剩余价值的来源。马克思假设100名工人的v=£100，这100名工人生产200件产品，表示为200C。因为£100 = 200C，因此，1C（忽略不变资本）的成本=£100/200 = 50便士。现在假设劳动生产率发生了变化，假设它翻了一番。由于成本价仅包含劳动，所以100英镑= 400C。因此，1C现在等于£100/400 = 25便士。如果生产率降低50%，那么同样的劳动只能产生200C/2，而且由于200C/2=£100→1C= £200/200=£1。

马克思在这一章的结尾评价了上述分析对资本主义生产方式的影响。

> 生产商品所需的劳动时间的变化，以及由此在商品价值中发生的变化，现在与成本价格相关，故而与生产价格挂钩，表现为同等工资下，对不同商品量的不同分配，分配的原则为相同的劳动时间内，用相同的工资所生产的商品数量多少。资本家所看到的，也就是政治经济学家所看到的是，分摊到各个商品的有酬劳动部分，随着劳动生产率的变化而变化，因此每件商品的价值也是如此变化。他们没有看到单件商品中也包含的无酬劳动，再加上平均利润实际上只是偶然由其所在部门内的无酬劳动决定的，就

更加看不到这一点。商品的价值由商品所包含的劳动所决定这一事实,直到现在,还是继续以这样粗糙且稚拙的形式流传开来。

(Marx,1981,p.272)

批评和"完整"的解决方案

奥地利经济学家柏姆-巴维克(1896)断言,价格与价值背离是马克思主义价值理论中的矛盾,剩余价值是利润的源泉这一理论因这个背离而站不住脚,这一论断让人觉得马克思理论中存在一个非常严重的反常现象。然而,在《剩余价值理论》中,很明显,马克思充分地意识到价格与价值背离的重要性,而这种背离使得价值关系模糊不清。事实上,这种背离是资本主义生产方式中价格行为的一个基本要素。博特凯维奇(Bortkiewicz)确认了这一点,他证实了利润来自剩余价值这一理论是正确的,因为利润率和生产价格由剥削率、资本有机构成和周转率确定。

也许马克思的两个不变条件涉及一个更加严重的问题,即总价值之和等于生产总价之和,剩余价值之和等于利润总额之和。我们可以这样写:

$$\Sigma(c+v+s) = \Sigma(c_p+v_p+\pi)$$

$$\Sigma s = \Sigma \pi$$

如果将马克思的利润率写成:

$$r = \frac{\Sigma s}{\Sigma(c+v)}$$

利润价格率是:

$$r_p = \frac{\Sigma \pi}{(c_p+v_p)}$$

那么：

$$r = r_p$$

然而，有人认为，不变资本和可变资本的成分尚未发生转化，仍然存在于劳动价值中。由于有些部门生产生产资料，有些部门的产出成为其他部门的投入，因此将按其生产价格出售。所以，有人认为，这些商品应该以生产价格，而不是劳动价值的形式进入模型，否则转化过程就是不完整的。事实上，马克思完全意识到了这个问题，正如我们所看到的，在《资本论》第三卷中对此进行了解释（参见 Marx, 1981, pp.259-269）。博特凯维奇证明了，一般来说，使用数值例子，不可能同时满足马克思的不变条件，并且价格和利润的价值率通常是不相等的（Howard and King, 1992, p.230; Howard and King, 1989, p.61）。于是，博特凯维奇在后来的文章中[1]似乎认为，生产价格是从价值中衍生出来的，但马克思的这两个不变条件都不能满足。博特凯维奇使用了简单再生产假设，塞顿（1957）对这一假设进行了进一步论述，该假设表明，对于更加复杂的包括多个部门的经济，涉及n种商品，用作n个行业的投入，则可以通过劳动价值推导出价格。同年，萨缪尔森在《美国经济评论》上发表论文，采用线性经济学框架，表明转化问题毫无意义，因为确定生产价格不需要劳动价值。萨缪尔森的结论是，根据马克思的说法，价值理论只是解释了价格与价值之间的偏离，即真值等于误差加变化。这篇文章抨击了劳动价值论的形成，猛烈抨击了马克思模型的整体框架。文章认为，正如李嘉图所言，劳动价值理论只能在利润为零的情况下提供准确的价格理论（Samualson, 1957）。萨缪尔森在1971年和1974年再次撰文，试图确立两个主要的命题：首先，价值和价格的背离是微不足道的，其次，价值演算是一个"复杂的迂回"，因为在维持最低生活水平的工资是既定的情况下，可以直接推导出价格和利润。

这种批评利用数学工具来重构马克思的理论,尤其是转化问题。森岛通夫(1973)对马克思理论进行了深入的研究,包括积累、危机和价值理论,尤其是,试图分析简单再生产和其动态背景下的转化问题。尽管森岛通夫没有在著作中提到博特凯维奇,但森岛通夫的分析与博特凯维奇的分析有诸多相似之处。按照森岛通夫的说法,可以将利润率和价格表示为随着剥削率、周转率和资本的有机构成变化而变化,利润率和剩余率之间的联系就展露出来,被称为马克思主义的基本定理。[2]这一定理指出,出现正利润的一个必要而充分的条件是剥削率是正值。

在斯拉法的《用商品生产商品》(Production of Commodities by Means of Commodities)(1960)出版之后,萨缪尔森试图将斯拉法的分析用于马克思价值理论。斯拉法的分析是试图通过使用有关生产和收入分配状况的数据,得出商品价格和利润率,来"解决"转化问题。这似乎证实了博特凯维奇、萨缪尔森等人早前就价值的逻辑优先性对马克思的批判。萨缪尔森在1971年重申了自己的立场,即根据斯拉法的研究,劳动价值论是一个"复杂的迂回",并认为可以通过生产条件和收入分配的情况直接推导出一般利润率和生产价格,斯拉法实际上已经证实了在1957年初的论文中所表达的观点(Samualson,1971)。斯蒂德曼在1975年提出,斯拉法通过自己的分析,已经揭示了存在一些案例,其中商品的劳动价值可能不像马克思所认为的那样是正值。如果这种分析是正确的,那么马克思的转化就无法完成,因为无法确定劳动价值,或者劳动价值为零。照此,马克思的分析就找不到生产价格。此外,如果像斯拉法所暗示的那样,劳动价值可能是负值,那么总体而言,这就动摇了马克思主义基本定理的基础。

从20世纪初博特凯维奇首次提出,到20世纪70年代的辩论,转化问题似乎已经发生了转变。也就是说,从一个"解决"投入的问题，到一个包含价值与价格的数量关系的问题，以及围绕转化过程本身目的的定性考量。

谢克在1977年发表《马克思的价值理论和转化问题》（Schwartz，1977，pp.106-139）首次尝试针对这种攻击向马克思"施以援手"，他在文中声称马克思在《资本论》第二卷中的转化过程代表的是一个过程的第一个阶段，而这个过程最终将提供正确的生产价格。这遭到了斯拉法派[3]的严厉批评，霍华德（Howard）和金（King）将谢克的分析描述为"为马克思进行的一次最为失败的辩护"（Howard and King，1992，p.276）。

人们将后来被称为"新解决方案"的方案与杜梅尼尔（1980）和富勒（1982，1986）联系在一起，尽管这已经得到了利比兹（Lipietz）（1982）与格利克（Glick）和埃尔巴（Ehrbar）（1987）的赞同。"新解决方案"本质上是将劳动力价值重新定义为货币价值乘以货币工资，而不是劳动者消费的工资——商品中所体现的劳动。然而，马克思的不变条件中，有一个在"新解决方案"中实现了，即剩余价值之和等于利润之和，另一个则没有，因为价值体系中的利润率低于价格体系中的利润率。但是，有人指出，在这个架构中，无法从价值一步步走向价格，而"新解决方案"只提供一个将价值变换到价格的程序（Hunt and Glick，in Eatwell et al.，1990）。因此，对于萨缪尔森的批评，即使用劳动价值是"复杂的迂回"，"新解决方案"没有妥善地予以回应。

那不勒斯（Naples）（1989）认为，对马克思方法的批评倾向于假定市场出清、统一的利润和固定的价格方面存在均衡，而且还往往容易忽视劳动和劳动力之间的关键区别。[4]其结果是，一边认定马克思关于利润率是由剥削造成的说法是不正确的，另一边则认定李嘉图关于只有工资和资本商品部门才影响利润率的说法是正确的。因此，这些人忽视了劳动与劳动力之间的区别，声称已经驳倒了利润率剥削理论，实际上是因为没有正确理解马克思的分析，毫无根据地认为均衡优先，从而用均衡方法论将马克思的方法论取而代之。那不勒斯认为，博特凯维奇基本上认为经济处于长期均衡状态，并且是使用黄金作为计价单位从历史时间中概括出来的，这与马克思的做法相悖，因为马克思将价值单位中的价格直接命名为社会必要劳动时间。因此，马克思的理论并不是李嘉图的理论加上一个剥削方程，而是根本上就不相同的利润来源结构，所以，在资本主义中，随着各个资本家追求利润的最大化，趋于形成统一的利润率。因此，在马克思主义语境下，将价格视为长期稳定并不合情理，长期均衡也不应当使用。

总结

萨阿德-菲略（Saad-Filo）（1997）认为，关于转化问题的许多文献实际上是用自己的方法替代马克思的方法，因为他们要么认为价值和价格的关系与马克思的观点相冲突，要么解决的其实是大相径庭的问题，他们也无法宣称要纠正马克思本人所提出的转化。的确，正如我们所看到的那样，马克思在《资本论》第三卷第九章中并不是要用数学的方法从价值中推演出价格，也不是从剩余价值中推演出真正的利润，而是要说明，在资本主义生产方式中，劳动力价值是如何转化为工资的，说明通过剥削劳动获得的剩余价值是如何转化为利润的。通过这种解释，可以理解马克思的意图是合情合理的，而且还前后呼应，并且表明在这个特定方面产生的争议，往轻了说是搞错了对象，往重了说是恶意中伤。为了全面阐述资本主义生产方式中利润的起源，马克思确实提出了一个"完整"的解决方案。马克思饶有兴趣地说明了利润背离剩余价值的方式和原因，但却又由剩余价值决定，价格反映了流通中的价值，只是价值的外在形式。因此，那些坚持认为马克思主义模型存在根本缺陷的人自己也踏上了"复杂的迂回"，许多人希望证明人们误解了马克思。

6
资本主义动力学

简介

马克思主义分析的关键是资本主义的动态本质，以及资本主义产生和复制资本主义生产关系的能力。资本的再生产是一个循环过程，这一过程生产并销售出体现剩余价值的商品。此外，还要购买劳动力和生产资料以更新这个过程。马克思通过两种资本主义经济模式解释了这一点，一种是处于静止状态的一般均衡，另一种处于经济增长中，以显示货币在增长过程中所发挥的作用。但是，重要的是要明白，从封建主义过渡到资本主义、资本的原始积累过程以及从农民手中圈占土地的历史过程，其推动力是如何产生的。

发展阶段理论

在《德意志意识形态》中，马克思和恩格斯认为，人类要生存，就必须生产生活资料，为了成功地生产出生活资料，人类必须在劳动分工中通力协作。此外，生产发展阶段本身必须是历史的产物，因为从某种意义上讲，它必须是一代代人努力的结果。由此，生产力的发展必须涉及劳动分工、合作形式和社会组织的发展。所以，社会是通过一系列阶段发展的，这些阶段由不同的财产形式区分。在古代，公共财产是以剥削奴隶为基础的，而在封建主义中，则是以剥削农奴为基础形成制度的。在资本主义中，资本家的私有财产和对无财产的雇佣劳动力的剥削确定了生产关系。这些阶段代表了生产力连续发展的更高阶段，并且至关重要的是，每个阶段都产生了下一阶段所需的条件。然而，每个阶段都是动态的，因此，每个发展阶段在走向下一个阶段的过程中，其自身都会经过各个阶段。每次转化都与社会再生产所依赖的新的社会关系结构相关联。

原始积累

原始积累是指资本家在资本主义生产方式中得以获得生产资料所有权的历史过程，在《资本论》第一卷第二十六章中，马克思指出有必要了解大量的资本和劳动力是如何掌握在商品生产者手中的。因为资本主义中的生产关系是拥有生产资料的人与不拥有生产资料的人之间的阶级关系，所以对于资本主义积累之前的原始积累的过程，必须从整体上进行分析。换句话说，正是这个过程使得资本家拥有了生产资料，从而为进入资本主义生产方式提供了必要条件。因此，资本主义需要的是购买他人劳动力的生产资料所有者阶级，也需要出卖自己劳动力的自由劳动者阶级。马克思通过辩证的调查方法，说明了资本主义的经济结构是如何从封建社会的经济结构中产生的这一历史发展的动态过程。因此，农奴的解放必然包括将生产资料转移到少数阶级手中。马克思认为：

> ……这些新获自由的人只有在被剥夺了所有生产资料，以及旧封建制度所提供的一切生存保障之后才成为自己的卖主。而这段历史，他们被剥削的历史，是用血与火的文

字书写在人类的史册上的。

(Marx,1976,p.875)

另一方面,资本家必须取代拥有财富来源的封建领主。基于马克思分析方法的本质和历史的首要作用,马克思提出了一个重要的观点,即征用农民财产虽然是向资本主义生产方式发展的基础,但征用的历史却有着时间和地点上的差异,马克思认为在英格兰采取的是其"经典形式"。因此,马克思讲述了15世纪末、16世纪初封建家臣是如何被解散的,从而产生了大量的自由劳动人口[1],到17世纪,大约24%的土地被圈占起来。马克思还指出,16世纪的宗教改革扩大了失地劳动者的规模,因为天主教会的财产被赠送或出售了,教会用于征收什一税的财产被充公,并重新分配了那时的英国大封建主的土地。

圈地

有人认为,18世纪农业和工业中出现的技术变化在很大程度上得到了圈占敞田①的帮助(参见Mingay,1997)。然而,圈地的程度和重要性,就其经济和社会后果而言,仍是经济史学家们激烈争论的问题。有人可能会说,圈地是许多改进措施的先决条件,事实上,当时人们认为,敞田制的经济效率低下,只有在社会或文化方面才有点用处。尽管毫无疑问,圈地并不总是带来技术上的改进,但就扩大耕地面积和提高土地利用率而言,它仍是最重要的一项开发项目。耕地面积增加是因为消除了公地,而在旧的轮耕模式中,公地

---

① 敞田是英国中世纪使用的一种土地制度,在休耕期,耕地和草地要敞开用于公共放牧。——译者注

传统上是作为原始放牧地的，这很有必要。人们还认为，圈地使得农业乃至工业的所有其他创新都成为可能。

马克思认为，圈地的部分目的是制造过剩人口，为工业提供劳动力。

> 资本家支持这种做法，其目的之一是将土地转化为仅供商业活动使用，扩大大规模农业生产的面积，增加从土地上赶出来的自由而无权的无产阶级的人数。
>
> （Marx，1976，pp.884-885）

此外，马克思在第二十七章的最后一段进行了最为尖锐的批评：

> 掠夺教会财产，通过欺骗手段出让国有土地，窃取公地，篡夺封建和宗族财产，并在残酷的恐怖威慑下将其转变为现代私有财产，所有这些就是众多的田园诗般的原始积累方法。他们为资本主义农业打下了阵地，将土地纳入资本，创造了城市工业所必需的自由而无权的无产阶级。
>
> （Marx，1976，p.895）

在20世纪20年代以前，农业改良一直是正统的观点，它描绘了一个功能正常、平衡的公地体系，这个体系被圈地摧毁，将农民从土地上赶走，并为农业资本主义奠定了基础，农业资本主义是由地主、大量的佃农和无地劳动者组成的三级社会结构。[2]与之相呼应的是，人们普遍认为农村失去了往日的田园风光。然而，一些经济历史学家强烈批评了这种说法，他们认为这低估了圈地的积极意义，尤其是圈地后粮食产量大幅增长，劳动生产率提高，而这些在正统观点的形成中没有被认真思考。但是，在20世纪50年代和60年代，一种新的正统观念出现了：钱伯斯（Chambers）(1953)的结论是，圈地行为减少了英国农民的数量，但并没有将之摧毁，明格（Mingay）(1968)、贝克特（Beckett）(1977)和特纳（Turner）(1980)认同这一观点。相比之下，艾伦（Allen）在1992年辩称，经济效益有限，劳动力剩余集聚在农村，在手工业的扩张中找到了一个出口，帮助伦敦迅速扩大。尼森（Neeson）(1993)还总结说，在北安普敦郡的大多数村庄，圈地破坏了小农经济。这场辩论是无法终结的，将继续为经济历史学家提供一个似乎永无休止的辩论话题。然而，在这场辩论中，人们认为马克思夸大了圈地对资本主义化进程和农业商业化进程的意义，从而对其进行了批判。事实上，对马克思来说，圈地是原始积累过程中的一个重要因素，如《资本论》第一卷第八部分所证明的那样。因此，在马克思主义政治经济学语境中，圈地是动力的组成部分，是农业资本化和劳动力向城市部门迁移并在工厂就业的一个因素。

"最近的"争论

原始工业化被视为现代工业经济发展的一个阶段，先于工业化出现，人们一般将原始工业化和富兰克林·门德尔斯（Franklin F. Mendels）(1972)联系在一起。门德尔斯在其文章中研究了佛兰德地区[①]认为前工业社会先于现代工业化，并为现代工业化做好了准备。农村劳动力开始涉足国内产业，为跨国市场生产。人口逐渐从农业生产中解放出来，成为劳动力。以前这些劳动力因季节性就业不足无事可做，现在从年头到年尾都有工可做。因此，有必要扩大

[①] 佛兰德是欧洲西北部一块历史上有名的地区,包括法国北部的部分地区、比利时西部地区和北海沿岸荷兰西南部的部分地带。——译者注

生产，使农村工业地区走向专业化，使农业商业化。有人认为，原始工业化打破了农业社会的传统调控机制，例如继承制度和其他制度控制，这些制度此前将人口增长调整为可用资源，从而产生了一种自我维持的原始工业发展，产生了劳动力、资本、企业家精神、商业农业和跨区域消费市场，所有这些都是工厂工业化所必需的。

然而，在这方面存在多种思想流派。例如，莱文（Levine）（1977）研究过英国莱斯特郡的两个村庄，虽然他同意原始工业化彻底改变了人口行为，但与之相关的人口爆炸导致了劳动力的无产阶级化，打破了农村的社会结构和土地所有权模式，在社会上形成了一个庞大的群体，他们没有赖以生存的土地，因此不得不为了赚取工资而工作。他认为，这为资本主义和工业化创造了先决条件。然而，莫克（Mokyr）(1976)驳斥了门德尔斯的大部分论点。莫克深信，原始工业化提供了廉价的剩余劳动力，通过刘易斯（W.A. Lewis）在二元增长模型中所描述的机制，这些廉价的剩余劳动力推动了欧洲工业化进程。因此，莫克认为剩余劳动力不是由农业提供的，而是由原始工业提供的。克里特（Kriedte）、梅狄克（Medick）和舒伦堡（Schlumbohm）(1981)综合了门德尔斯和莱文的模型，将原始工业化理论转变为中世纪和19世纪之间欧洲社会和经济变革的一般模型。因此，原始工业化代表了从封建主义到工业资本主义的转型过程的第二个阶段。第一个阶段是随着农业进入商业领域，农业的阶级结构日益分化。原始产业出现并在农村建立起来，但却无法扩展到城镇，因为城镇行会限制了原始产业的增长。因此，原始产业通过一系列不同的发展阶段实现了工业生产组织的转变：首先是作坊制度（Kaufsystem），农村生产者保留了生产和销售的自主权；其次是"外包"（Verlags）制度，商业资本对生产的渗透率越来越高，使得生产者越来越依赖商人，直到无论是对于原材料，还是产品销售，生产者不再拥有独立进入市场的渠道；第三是生产集中发展成为具有机械化工厂系统的集中控制型制造业。

1982年,门德尔斯重新定义了原始工业化,强调了几个关键特征。他认为,原始工业化是一种区域性现象,但其生产确实是面向外部市场的,为农村提供了就业,并创造出了农业工业和商业农业的区域性发展的共生关系,创造了一种动力元素,使得原始工业化可通过农村工人在工业的就业逐渐实现经济增长。它有四个方面的影响:第一,带来人口增长,并使得土地四分五裂;第二,创造了利润,可以用来购买工厂工业化所需的资本;第三,为商人提供了工厂工业化所需的技能和经验;第四,导致农业商业化,进而导致城市化和工厂产业化(Mendels,1982)。

因此,原始工业化这一论点本质上是考察封建阶段和资本主义阶段之间的转变,显示动态过程是如何改变生产关系的。虽然它并非基于马克思的分析框架,但却理所当然地支持马克思的立场,并且可以视为进一步提高了马克思历史理论的信度。原始工业化本身并不足以成为接受马克思主义模式的理由,尤其是它不能充分解释商业资本的兴起。事实上,马克思还讨论了18世纪英国资本主义生产方式起源的另外三个因素。马克思从殖民、奴隶贸易和国债的作用等方面探讨了商业资本的增长。

国际贸易

从前工业化国家发展为工业化国家,必然意味着利用国际贸易在海外市场上将国内市场过剩的商品交换为本国市场上稀缺的商品。在这样的情况下才有可能拓宽市场,提高国内产出水平。因此,有人认为,对外贸易鼓励专业化,并允许经济体发展其经济组织的技能和技巧,同时收获规模经济的回报,从而激励更大的生产性活动。然而,在18世纪,大多数国家的生产是满足自己的绝大多数基本生活所需，国际贸易往往仅限于奢侈品和那些因其地域分布原因只能在某些地方出品的商品，例如，烟草、糖、水果和矿石。因此，对于前工业化的欧洲而言，实现经济增长最明显的方式是扩大贸易关系的范围，并开拓其他大陆的市场。为了开辟欧洲贸易版图，在15、16和17世纪进行了无数次的尝试，最终才取得成功。非洲、亚洲和拉丁美洲的购买力水平较低，对欧洲贸易商销售的商品不感兴趣。然而，从战略上讲，英国处于非常有利的地位，因为1750年之前，已经开辟了大西洋贸易，而英国在加勒比海的种植园大大扩展了英国商人销往欧洲的商品种类。比如，远东的香料和茶叶，加勒比海的糖、棉花和烟草产品原是欧洲无法获得的贵重商品，正迅速成为生活必需品。于是出现了转口贸易，发展成以伦敦城为中心的复杂贸易网络。在这个网络中，由英国种植园主们按照奴隶社会模式管理的加勒比群岛成为了最有价值和最为亲密的节点。

在这个多角贸易过程中，来自英国的武器、五金和烈酒，连同来自印度的印花棉布被运往西非，换取奴隶、象牙和黄金。在加勒比海地区卖出这些奴隶，换取糖、桃花心木、烟草和原棉，而黄金和象牙则被运往东方，以换取茶叶、丝绸、香料和印花棉布。在欧洲售出热带商品，以换取木材、大麻、铁和粮食。在所有这些交易中，英国商人积累了资本。马克思对此进行了评论，认为：

> 利物浦是靠奴隶贸易大发其财。利物浦通过奴隶贸易进行原始积累……棉纺织业给英国带来了儿童奴隶制，与此同时，棉纺织业在美国也促使早期的、或多或少的父权奴隶制性质的经济转变为商业剥削制度。事实上，欧洲遮遮掩掩的雇佣工人奴隶制，需要以新大陆赤裸裸的奴隶制为基础。
>
> （Marx, 1976, pp.924-925）

于是，资本家阶级随着世界市场的打开崭露头角。[3]人们围绕以下问题展开了大量辩论：允许这种情况发生的对外征服是欧洲资本主义发展的主要原因，还是仅仅是加速了当时已经展开的进程？只要读一读《资本论》，人们就会发现，马克思认为殖民扩张是整体的重要组成部分，但必须从整体的角度来看，资本主义的发展并不依赖于一个单一因素，每个因素都是相互依存的。因此，马克思可以在《资本论》第一卷第三十二章中指出：

> ……这些因素包括殖民地、国债、现代税收制度和保护关税制度。这些方法部分是依赖残酷的暴力，例如，殖民体系。但这些方法都借助了国家权力，即社会的集中和有组织的暴力，如同在温室里一样，加速了封建生产方式转变为资本主义模式的过程，并缩短了转型期。暴力是每个孕育着新社会的旧社会的接生婆。暴力本身就是一种经济力量。
>
> （Marx, 1976, pp.915–916）

已经表明，如同社会是按照阶段从一种生产方式转变为另一种生产方式一样，经济发展过程也是一个动态的过程，我们转而解释资本主义模式的变革动力。为了说明这一点，马克思采用了简单再生产和扩大再生产两种模型。

简单再生产

这是经济处于静止状态的一般均衡模型。然而，与传统的一般均衡模型不同，货币不仅仅是"面纱"。事实上，货币在所有交易中起到了至关重要的中介作用，所以货币资本在资本主义生产过程中起着重要的作用。与传统的一般均衡理论相反，马克思分析了资产阶级对工人阶级的支配。该模型是货币经济的双部门、双阶级模型。马克思检验的问题有三个。第一，如果经济要继续处于静止状态，那么必须在阶级之间和阶级内部进行哪些交易？第二，必须在部类内部和部类之间进行哪些交易？第三，货币在这个过程中扮演什么角色？马克思分析的模型是宏观经济的循环流动，即社会资本的流动。因此，马克思就这些条件提出了一个问题："生产中消耗掉的资本，其价值是如何从年产量中置换的？这种置换的发展如何与资本家对剩余价值的消费和工人的工资交织在一起？"（Marx, 1978a, p.469）换句话说，总的来说，实现剩余价值的货币是从哪里来的？

对于马克思来说，最重要的是要说明，鉴于剩余价值是在生产中产生的，那么流通过程要和剩余价值的实现相一致。他的回答非常初步：收入的循环流动和流通速度使剩余价值得以实现。为了说明这一点，马克思作了一些必要的简化假设：

（a）只有两个阶级：资本家和工人，除了资本家的消费外，没有任何非生产性活动。

（b）资本有机构成不随着时间的变化而变化，但可能彼此不同。于是，在模式上没有技术上的改变。

（c）即使资本有机构成不同，货物也是按其价值交换的（忽略转化问题），每个资本家只使用自己的资本，部类之间没有借贷。因此，部类之间不存在利润率均等化的倾向。

（d）生产过程被描述为一个"点投入、点产出"的过程，因为投入是在生产阶段启动时做出的，而产出是在生产阶段结束时得到的，每个部类的技术都被认为是"生产性"的。

（e）由于上述（b）中的假设中没有技术变化，因此会有相应比例的固定收入。

（f）有两个部类：第一部类生产资本货物，第二部类生产消费品。但第二部类包括两个子部门：（1）生活必需品（供资本家和工人消费）和（2）奢侈品（供资本家单独消费）。马克思进一步假设第一部类的产出不能消费，而第二部类的产出不能用作生产资料。

（g）还有就是资本的单位周转，这都是在生产过程中耗尽的固定资本。

（h）资本家的净储蓄和投资为零，也就是说其全部收入都用在消费，而置换投资只在部类内部进行。

（i）工资维持在最低生活水平上，所以工人没有储蓄。

（j）两个部类的剥削率是不变的，都一样。

（k）经济是封闭的，没有对外贸易。

$$c_1 + v_1 + s_1 = w_1 \text{（第一部类）} \qquad 6.1$$

$$c_2 + v_2 + s_2 = w_2 \text{（第二部类）} \qquad 6.2$$

等式6.1表明，不变资本c_1加上可变资本v_1得到了产出w_1，资本商品部门中，产出w_1高过投入的价值，得到剩余价值s_1。等式6.2说明第二部类的情况同样如此。因此，每个部门的资本家都有货币资本，用来为可变资本和不变资本预付工资。所以，货币的作用是储存价值（作为货币资本），以及作为购买不变资本和可变资本的交换媒介。但必须看到，对于处于静态的经济来说，其资本存量并没有净增，生产每年都以同样的速度增长。在包含两部门的经济中，我们要求每个部门的生产保持不变。因此，第一部类的资本家生产资本商品，这样，这些资本家和工人就必须与第二部类进行交易，以获得基本生活必需品，并为资本家提供奢侈品。也就是说，第一部类向第二部类提供资本货物v_1+s_1，购买（等值的）消费品c_2。为了保持未来的生产速度不变，第一部类的资本家在自己的部门内花费c_1以维持资本原封不动（置换投资）。他们用剩余价值s_1从第二部类购买消费品。第一部类的工人将自己的劳动力卖给该部门的资本家，然后将v_1用来从第二部类购买消费品。第二部类的资本家将其剩余价值s_2花在所在部门内。第二部类的工人把自己的劳动力卖给"他们的"资本家,然后从资本家那里按照v_2的价值购买消费品。第二部类的资本家要保持资本原封不动,就得从第一部类的资本家手中购买价值为c_2的资本货物。那么,假设处于静止状态,而且是公平自愿的交换,均衡就要求用第一部类的资本货物交换第二部类的消费货物c_2。如等式6.3中所示。

$$c_1 + v_1 + s_1 = w_1$$
$$c_2 + v_2 + s_2 = w_2 \qquad 6.3$$

均衡要求:

$$c_1 + c_2 = w_1 = c_1 + v_1 + s_1 \qquad 6.4$$

(资本商品需求)=(资本商品供应)

或相抵:

$$c_2 = v_1 + s_1 \qquad 6.5$$

同理:

$$v_1 + s_1 + v_2 + s_2 = w_2 = c_2 + v_2 + s_2 \qquad 6.6$$

(消费货物需求)=(消费货物供给)

或相抵:

$$v_1 + s_1 = c_2 \qquad 6.7$$

因此,两种条件都降低到相同的均衡条件。

均衡条件只是说明第一部类出售的资本商品的价值必须等于第二部类出售的消费商品的价值。这些部门内和部门间的交易允许使用货币作为流通媒介来实现两个部门内所创造的剩余价值。故而,马克思认为:

> 资本家自己将货币投入流通,将他的剩余价值转化货币,即通过货币实现了剩余价值,更重要的是,通过消费

手段将货币花了出去，所以，在目前这种情况下，这种说法从字面上看是正确的。

(Marx, 1978a, p.496)

$$4000c_1 + \underline{1000v_1 + 1000s_1} = 6000w_1$$
$$\underline{2000c_2} + 500v_2 + 500s_2 = 3000w_2 \qquad 6.8$$

6.8中的下划线部分是部门之间交换的部分。在第一部类中，$4000c_1$包括第一个本部门自己生产的生产资料。$1000v_1$和$1000s_1$由第二部类生产的消费品构成。反过来说，对于第二部类，$500v_2$和$500s_2$由第二部类自己生产的消费品构成，$2000c_2$是由第一部类生产的生产资料构成的。因此，第一部类必须从第二部类获得数量足以供资本家消费的消费品。第二部类必须从第一部类获得一定数量的生产资料，足以置换其生产中使用的不变资本。在均衡状态下，这些需求必须相等，在等式6.8中，它们是2000。因此，在一个自由公平交换的经济体中，资本家在生产过程中创造剩余价值，然后以货币作为交换手段在流通过程中实现剩余价值。剩余价值的创造和实现，也因此被流通过程所掩盖。

扩大再生产

接着，马克思分析了货币在不断增长的经济体中的作用。在这里，马克思饶有兴趣地展示了经济体中创造的剩余价值是如何实现的，然后如何提供给资本积累，从而实现增长的。重点不在于增长，而在于货币如何通过其在资本积累中的作用来适应增长过程。也就是说，一个不断增长的经济体需要更多的货币进行流通，而这些增加的货币来自两个地方：（a）黄金产量增加，以及（b）流通速度加快。

与简单再生产一样，生产过程中产生的剩余价值也是通过部门间和部门内部的贸易流动在流通过程中实现的，因为资本家预付了货币资本，购买劳动力和不变资本。所创造的剩余价值有一部分用来消费，一部分用来储蓄。最初，储蓄是作为潜在（或虚拟）货币资本而蓄积的，即暂时性积累。蓄积如果出现任何变化，都会干扰流通，并导致生产不足/生产过剩。马克思采用的模型是平衡增长均衡模型，即我们保留所有简单再生产中的假设，假设（h）除外，即资本家的净储蓄和投资为零，取而代之的是：（i）第一部类的资本家将其剩余价值的一半用于消费，将剩余的部分投资于第一部类，（ii）第二部类按照保持均衡的要求投资于第二部类，由此可以说是被动调节器，（iii）各部门的投资可以保持资本有机构成不变。此外，假设工资为维持最低生活水平的工资，这样工人就不能储蓄，并将其扩展为假设按照维持最低生活水平的工资的水平可以有源源不断的劳动力供给。

因此，第一部类的资本家使用其剩余价值 s_1 用于工资和奢侈品消费 s_{13}，用于提高所在部门的不变资本 Δc_1 或 s_{11}，并用于提高所在部门的可变资本（Δv_1 或 s_{12}），以保持 k_x 不变。因此：

$$k_1 = \frac{c_1}{v_1} + \frac{c_1 + \Delta c_1}{v_1 + \Delta v_1} = \frac{\Delta c_1}{\Delta v_1}$$

$$s_1 = s_{11} + s_{12} + s_{13} = \Delta c_1 + \Delta v_1 + s_{13} \qquad 6.9$$

同样在第二部类中：

$$k_2 = \frac{c_2}{v_2} + \frac{c_2 + \Delta c_2}{v_2 + \Delta v_2} = \frac{\Delta c_2}{\Delta v_2}$$

$$s_2 = s_{21} + s_{22} + s_{23} = \Delta c_2 + \Delta v_2 + s_{23} \qquad 6.10$$

以代数表示：

$$c_1 + v_1 + \Delta c_1 + \Delta v_1 + s_{13} = w_1$$
$$c_2 + v_2 + \Delta c_2 + \Delta v_2 + s_{23} = w_2 \qquad 6.11$$

均衡要求资本货物的产出（供给）等于需求。

因此：

$$c_1+\Delta c_1+c_2+\Delta c_2=w_1=c_1+v_1+\Delta c_1+\Delta v_1+s_{13} \qquad 6.12$$

（需求）　　　　　　　（供应）

或者：

$$c_2+\Delta c_2=v_1+\Delta v_1+s_{13} \qquad 6.13$$

消费品部门也是类似情况：

$$v_1+\Delta v_1+s_{13}+v_2+\Delta v_2+s_{23}=w_2=c_2+v_2+\Delta c_2+\Delta v_2+s_{23} \qquad 6.14$$

（供应）　　　　　　　（需求）

或者：

$$v_1+\Delta v_1+s_{13}=c_2+\Delta c_2 \qquad 6.15$$

这种跨部门的交易可以表现为：

$$c_1+\Delta c_1+v_1+\Delta v_1+s_{13}$$
$$c_2+\Delta c_2+v_2+\Delta v_2+s_{13} \qquad 6.16$$

从数字上看：

期初——第0年

	[c]	[v]	[s]	[w]	[k]	
第一部类	4000	1000	1000	6000	4	
第二部类	1500	750	750	3000	2	6.17
				9000		

第一部类积累了 $1/2s_1=500$，其中：

$$\Delta c_1=4/5\times500=400$$

$$\Delta v_1=1/5\times500=100 \qquad 6.18$$

第一部类资本家消费了 $1/2s_1=500=s_{13}$。

第二部类的资本家积累了足够的不变资本，使得资本商品的需求和供给相等，即：

$$6000-4400-1500=w_1-(c_1+\Delta c_1)-c_2=100=\Delta c_2 \qquad 6.19$$

要保持k_2不变，第二部类必须让Δv_2=50，因此第二部类中资本家的消费是：

$$750-100-50=600=s_{23} \qquad 6.20$$

我们现在转向消费需求：

（a）工人对消费货物的需求：

$$第一部类\ 1000v_1+100\Delta v_1=1100$$

$$第二部类\ 750v_2+50\Delta v_2=800$$

$$工人总需求=1900 \qquad 6.21$$

（b）资本家对消费货物的需求：

$$第一部类\ 500s_{13}$$

$$第二部类\ 600s_{23}$$

$$资本家总需求=1100 \qquad 6.22$$

因此，消费货物的总需求是：

$$1900+1100=3000=第二部类的消费货物供给 \qquad 6.23$$

因此：

$$第一部类\ 4000c_1\rightarrow 4400c_1；1000v_1\rightarrow 100v_1$$

$$第二部类\ 1500c_2\rightarrow 1600c_2；750v_2\rightarrow 800v_2 \qquad 6.24$$

因此在第0年末（第1年初）：

	[c]	[v]	[s]	[w]	[k]	
第一部类	4400	1100	1100	6600	4	6.25
第二部类	1600	800	800	3200	2	
				9800		

在第1年末（第2年初）：

	[c]	[v]	[s]	[w]	[k]	
第一部类	4840	1210	1210	7260	4	6.26
第二部类	1760	880	880	3520	2	
				10780		

在第一年中，第一部类的增长率为10%，第二部类的增长率为6.67%。在第二年，两个部门实现均衡，增长率都是10%。鉴于所做出的特殊假设，模型迅速达到了平衡增长，其实并不奇怪。然而，马克思用它来说明，即使在"纯粹"的平衡增长条件下，货币和流通也可以实现剩余价值。然后，这种剩余价值用于资本积累，从而促使经济增长。如果这是一种增长模式，将会招致许多批评。隐含的投资行为相当奇怪，因为即使价值利润率不同，资本家也只会投资于自己的部门。这与《资本论》第一卷相冲突，在第一卷中，竞争行为致使利润率均等化。该模型提出的另一个问题是，为什么资本家保持资本有机构成不变。在《资本论》第一卷中，马克思认为资本主义发展引起技术变革以及资本有机构成的增加。此外，为什么这个模型中的利润率随着时间的推移保持不变？这与《资本论》第三卷中所描述的利润率随时间推移而下降的趋势不一致。最后，为什么第二部类的资本家甘愿通过充当"被动调节器"来维持均衡？

如果马克思分析的是增长模型，这些批评就是合理的。但是，马克思关心的并不是增长。他试图说明的是，即使假设在最佳情况下，对"资产阶级"经济学（一种静止状态或不断增长的经济均衡模型）而言，剩余价值也是在生产中创造，并在交换（流通）中实现的。马克思煞费苦心地展示了资本家如何从一个体系中获得超出投入的回报。剩余价值不可能是流通过程的结果，因为总的来说，一个人的收益就是另一个人的损失，即：零和游戏。剩余价值是在生产中产生的，但是经历了流通过程，看上去对所有参与者，包括工人和资本家在内，都进行了剥削。故而，马克思认为资本主义制度不会以稳定的状态均衡增长。这一分析的目的在于勾勒出流通链条中的几个薄弱环节，这些环节增大了发生危机的可能性。

总结

从发展阶段理论来看，需要注意的是，尽管每个经济体不一定遵循相同的发展模式，也不一定经历相同的时间，但所有经济体都将经历相同的发展阶段。因此，发展阶段是不能跳过的，因为一个阶段所需要的结构和关系是由前一阶段显现出来的矛盾所提供的。例如，政治分析人士和其他人经常用苏联集团的解体来暗示马克思和恩格斯在《共产党宣言》中的说法是错误的。然而，我们应该对此反驳说，苏联国家社会主义的崩溃实际上证明马克思是正确的，因为苏联没有经历过成熟的资本主义发展阶段，也没有相应的引导举措，故而无法成功地过渡到社会主义。因此，苏联崩盘证明马克思的分析是正确的。[4]马克思通过两个资本主义经济模型，一个是静止经济模型，一个是不断增长经济模型，说明发展阶段理论中推动发展过程的动力在资本主义生产方式下是相互关联的。同样重要的是，要再次强调一点：马克思并非试图分析增长过程，而是将其当作一个工具，用来说明价值在逻辑上先于价格，剩余价值在生产中创造并且在逻辑上先于利润，而利润是在流通过程中实现的。因此，资本主义生产方式中显而易见的动力，既是前几个阶段内在矛盾的产物，也是资本主义自身矛盾的产物。

7
资本积累与技术变革

简介

  对马克思来说，竞争推动了资本积累，迫使资本家个体为了生存进行投资和积累。此外，那些增长更快的公司，借助市场份额扩大以及随之而来的高利润，将受益于规模经济，获得更多的回报。然而，资本积累的过程并不是平稳有序的，因为如果预期利润很低，资本家就会停止投资和积累过程，从而引发一场普遍危机，造成商品无法售出，失业率高企。因此，积累是一个循环的过程，在这个过程中，资本主义所独有的力量可以重振积累和投资循环。随着失业率的上升，实际工资下降，利润上升，引发新一轮的积累和投资循环。资本主义生产方式的动态性质由系统固有的几个要素确定，马克思表明系统本身如何使得资本家必须积累，竞争过程如何使得需要创新，使得在生产过程中引入节省劳动力的技术，确保劳动生产率的提高，从而确保了经济增长。然而，这种动态播下了自我毁灭的种子，而马克思能够说明，为什么资本主义生产方式的成功将导致其最终的消亡，因为这种成功是建立在冲突和矛盾上的。竞争过程迫使引入节省劳动力的技术，减少单位商品所吸收的劳动量，使得生产商品所需的社会必要劳动时间不断减少，这一过程被称为资本主义的"内在逻辑"。

资本家的作用

可创造的剩余价值量取决于工作时长和剥削的强度。资产阶级整体以及资本家个体实现的利润量,取决于竞争过程,通过交换(流通)领域得以实现。那么,资本家必须选择如何在资本家的消费和积累之间分配利润。积累的分配进一步细分为不变资本和增加的可变资本。因此,所谓"积累",马克思指的是在不变资本上的支出和在可变资本上的支出。在马克思的模型中,资本家被认为是利润最大化者,因此被视为与"资产阶级经济学"类似。资本家通过加大对劳动的剥削,通过不断引进新的、更高效的机械,不断努力降低成本,实现利润最大化。马克思在《资本论》第一卷中是这样阐述的:

> 作为这种运动的有意识的承载者,货币的拥有者成为资本家。资本家本人,或者更确切地说是他的钱包,是货币开始的地方,也是货币返回的地方。流通的客观内容——价值的增值是资本家的主观目的;他充当资本家,也就是当作有意志有意识的人格化的资本,是以占有越来越多的抽象财富为唯一动机。因此,决不能把使用价值当作资本家的直接目标,也决不能把任何单笔交易的利润当作目标。资本家的目标是持续不断地创造利润。这种对财富的无限追求,这种对价值的狂热追逐,是资本家和吝啬鬼所共有的特征,不同的是,吝啬鬼是发了疯的资本家,而资本家却是理性的吝啬鬼。为了追求价值的不断增加,吝啬鬼试图将钱存起来,不让钱进入流通,而资本家更加精明,他把钱反复投入流通来实现增值。
>
> (Marx, 1976, pp.254-255)

马克思将利润总额与总剩余价值相提并论。然而，对于资本家个人而言，情况并非如此，其利润不等于资本家企业产生的剩余价值。值得注意的是，在这一点上，出于不同的目的，对积累的讨论出现在《资本论》各卷的不同的抽象概念中：在第一卷中，马克思假设资本有机构成是平等的，因此价格也是平等的。在第二卷中，马克思首先关注的是研究流通的过程，以及随后的交换，对积累的讨论是次要的。在第三卷中，有人认为马克思关于积累的讨论应该基于价格，但马克思不断地将剩余价值和资本家个体的利润联系起来，并将资产阶级当成一个整体，这一点是可以接受的。

然而，事实是，假设剥削率不变，通过增加可变资本，即通过使用更多的劳动力，资本家可以增加所创造的剩余价值。因此，我们需要解决这样一个问题：是什么促使资本家增加不变资本？首先，鉴于生产过程中的系数是固定的，资本家个体必须按照可变资本的比例扩大不变资本，才能保持资本有机构成不变。[1]那么，是什么限制了资本家个体的扩张进程？新古典主义投资理论认为，由于存在凹型生产函数曲线，以及由此导致的回报不断减少，使得公司规模是一定的。然而，对于马克思来说，资本积累（就不变资本和可变资本支出增加而言）受限于资本家已实现的利润，资本家决定多少用于消费，借贷的可能性，以及能否借到钱。马克思提到了股份制公司的发展，股份制公司提高了大公司筹集更多、更大规模货币资本的能力。至于资本家在消费和积累之间的选择，随着资本家越来越富裕，资本家更希望多消费，少积累。于是就出现了消费与积累的冲突。马克思没有完全解释冲突是如何解决的，而是假设一种不会随着时间变化而变化的边际消费倾向（储蓄）。此外，资本家不仅追求利润最大化，而且还希望增加对工人的控制（也就是权力）。所以，资本家还有社会目标。[2]因此，在边际消费倾向不断脱离剩余价值的情况下,资本家将剩余价值全部积累起来了吗?如果情况如此的话,则应该没有有效的需求(实现)问题。正如萨伊定律所言,供给创造了自己的需求。但如同凯恩斯一样,马克思也抨击了萨伊定律。所以,短期来看,有些时期,资本家不会自动将消费剩下的剩余价值全部用来投资,这会造成实现(有效需求)问题。然而,长远来看,资本家将会把自己消费后剩余的剩余价值全部用来投资,而对于马克思来说,这背后是社会学原因。存在着社会学上的必要性,即资本主义经济中资本家的功能就是积累。因此,《资本论》第一卷经常被引用的一句话是:"积累,积累!这就是摩西(Moses)和先知们!……为积累而积累,为生产而生产"(Marx,1976,p.742)。正是资本主义制度促使资本家积累,由于竞争的存在,资本家必须积累才能生存下来。因此,我们现在可以指出资本家的目标:实现利润最大化,增加他们对工人的控制权,在竞争性经济中生存下来。

马克思认为,生产是一个连续的过程,因此必须不断地再生产出生产过程中涉及的要素,这是因为不断地消耗劳动力和生产资料,所以要不断地置换劳动力和生产资料。鉴于这种必要性,可以得出结论:如果资本家将所产生的剩余价值全部消费掉,那么生产只会维持在一个恒定的水平,因为每个生产阶段都会有相同量级的资本进入,从而导致简单再生产。事实上,资产阶级从一定数量的资本开始,不仅收回了自己的投入,而且能够消费剩余价值,并保持足够的资本再次启动这个过程。这是因为工人能够出卖的只有自己的劳动力,而出卖劳动力所获得的工资只能够满足工人的基本消费需求,因此工人必须在下一个生产周期中出卖自己的劳动力。于是,在生产过程中再生产出了剩余价值产生的社会条件和物质条件。

这种分析与资产阶级的资本家积累理论截然相反,资产阶级的积累理论颂扬了资产阶级的节俭美德,并认为利润来自资本家的节俭美德：

> ……只要［资本家］自己不把蒸汽机、棉花、铁道、肥料、牲口等耗费净尽，却将劳动力和它们相合并，资本家就将其作为资本实现了其价值；依庸俗经济学的幼稚说法，即不把它们的价值用作奢侈品及其他消费物品挥霍殆尽。
>
> （Marx, 1976, p.745）

马克思认为，亚当·斯密和大卫·李嘉图的分析都是正确的，即用于雇佣更多生产性工人的剩余部分应该被视为积累，但雇佣非生产性工人，例如家庭佣工，则应算作消费，而囤积的货币既不是积累，也不是消费。但是，马克思断言，亚当·斯密和大卫·李嘉图的假定是错误的，即积累只包括将向增加的工人支付的工资，因为这相当于对扩大生产所需的额外生产资料视而不见。

鉴于资本家会将剩余价值划分为消费和积累，因此积累水平取决于剩余价值的数量。那么，如果压低工资，或者提高劳动生产率，那么积累就会增加。然而，随着生产率的提高，商品的价值将下降，使资本家能够以相同的剩余价值量购买更多的商品。此外，随着工人数量的增加，相同的剩余价值率将对应更大的剩余价值量。其结果是，资本家的购买力不断上升，既增加了积累，也增加了奢侈品消费。

积累水平的确定

积累水平取决于剩余价值的多少，因为剩余价值可以在消费和积累之间分配。反过来，剩余价值的数量又取决于剥削率，因此如果压低工资或提高劳动生产率，或增加劳动强度，就可能有更多的积累。然而，随着生产率的提高，商品的价值也会下降，使得资本家可以用等额的剩余价值购买更多的商品。因此，资本家的购买力不断增加，使得奢侈品消费和积累都得到了提高。马克思在下面这段话中对此进行了解释：

> 在劳动力的剥削程度已定的情况下，产生的剩余价值的大小取决于同时剥削的工人数量；尽管比例各有不同，但这与资本的大小相对应。于是，资本通过连续积累的方式增加得越多，就越能得到更多的价值量，可以用来分成消费资金和积累资金。资本家故而就可以过上更幸福的生活，同时"舍弃"更多。而且，最后，生产规模越大，所投入资本量越大，其扩大产能的驱动力就越大。
>
> （Marx, 1976, p.757）

那些"优秀"或成功的资本家旨在实现利润最大化，并为增加资本存量而进行积累。[3]竞争性体系中经营的具有创新能力的资本家可以获得短期利益，因此资本家正在不断扩大商品生产以进行交换。然而，马克思认为资本家之所以会积累，是为了应对不断下降的利润率，这样如果利润率下降到低于"正常水平"，资本家将增加积累并引入创新。"改进、发明、提高生产资料的经济性等等，不是在价格上涨到高于平均水平的时候推出的，而是在利润低于正常水平的时候推出的"（Marx, 1969b, pp.26-27）。但是，从长远来看，利润率将取决于积累率。同样，工资水平提高，会出现爆发式积累，以取代用于购买劳动力的资本，但长期来看，工资取决于积累：

> ……积累率是自变量，不是因变量；工资率是因变量，

不是自变量。因此，当工业循环处于危机阶段时，商品价格普遍下跌，表现为货币相对价值上升，而在繁荣阶段，商品价格普遍上涨，表现为货币相对价值下降。

（Marx, 1976, pp.770-771）

因此，积累的周期性本质是资本主义体制的竞争性所固有的，受创新和利润水平的驱动。

技术变革

马克思在《资本论》第一卷第二十五章中概括了一套对理解资本积累过程至关重要的概念。

他提到了资本的价值构成资本的技术构成，前者是指按价值计算的不变资本与可变资本的比率，后者与前述比率一样，但是是按照使用价值衡量的。也就是说，生产资料量与所雇佣的活劳动力的比例。由于资本技术构成无法量化，也就是说，不能用一个除以另一个，而生产资料和劳动力在数量上是不同的，马克思采用的是资本有机构成，定义为由资本技术构成确定的资本的价值构成。因此，有机成分的变化表明了，在用作生产资料的个别商品的价值和劳动力的价值保持不变的情况下，价值构成将如何改变。然而，在资本主义生产方式中，随着劳动生产率的提高，资本的技术以及有机构成也随之增加。因此，随着积累的进行和个人资本的增长，竞争导致集中化，由于大资本的成本更低，迫使小资本出局。

积累和创新是一对盟友，因为从本质上讲，资本积累与技术变革相互关联，密不可分。因此，积累不仅带来了新型的机械，而且还引入了新的生产方法以及日益扩大的劳动分工。所有技术都被描述为"物化"的品种，即新的资本商品体现了最新的技术。因此，固定资本积累和创新是同义词。此外，资本家个体会试图用不变资本代替劳动力来提高生产率，因此，商品生产使用的劳动数量将比竞争对手更少。而竞争对手不得不跟进。因此，在资本主义发展过程中，可以合理地假定资本有机构成是不断增加的。这反映了资本主义固有的趋势，即技术变革被歪解为节省劳动力的创新，其直接影响是，有机成分上升，均衡增长失去平衡。事实上，第一部类（资本商品部门）在总产出中所占的比例将越来越大。这也意味着剥削率不是不变的，考虑到维持最低生活水平的工资，工人在净产出中的相对份额是下降的。正如在再生产模型中一样，马克思假设所有剩余价值都表现为行业利润的形式，但现在忽略了两个部门之间的区别。虽然将资本主义的技术变革假定为主要是节省劳动力，但马克思确实承认仍可能存在革新劳动力使用的可能。然而，从总体效果上来看，革新是朝着节省劳动力的方向发展，以促进劳动生产率的长期提高。因此，如果技术变革主要是为了节省劳动力，那么劳动力就业的增长速度将小于不变资本的增长速度，故而，对劳动力的需求随着资本积累发生变化。由于积累增加了资本有机构成，对劳动力需求的增长必然要慢于不变资本的增长。此外，由于商品的价值是社会平均值，创新型资本家可以赢得"超额"剩余价值。产出是按社会价值出售的，而社会价值高于个体创新者的价值，竞争将迫使其他资本家引入相同的生产方法。从而降低商品的社会价值，进而消除创新者的"超额"剩余价值。所以，资本主义制度是一个不断变化的动态制度。[4]

技术变革使现有机器过时，并降低了机器的整体使用寿命，从而提高了所使用的不变资本的价值。随之而来的是，这一过程将使得失业率升高，这不是因为总需求不足，而是因为在现有的所有资本都已配备齐全的情况下存在技术变革。在积累过程中，工业生产中的劳动分工越来越细。规模较大的公司由于利润较多，积累速度也较快。由于规模回报提高，大资本家比小公司更具优势。此外，由于大公司的积累速度更快，所以生产所用的机器在技术上也更加先进。因此，在与技术上更胜一筹的大公司竞争中，小公司被迫破产。故而，不断增加的积累导致集中度日益提高，即垄断加剧，随着大资本家积累壮大，变得更加强大，他们收购或并购了小资本家。

马克思在《资本论》第三卷中强调了这一点：

> 只要新的生产方法降低了利润率，不管它的生产效率有多高，也不管可能会增加多少剩余价值，就没有一个资本家会主动采用新的生产方法。但是此类新的生产方法总会使商品更加便宜。
>
> （Marx，1981，p.373）

正是竞争过程的作用使得商品价值降低，使得资产阶级都试图提高劳动生产率。就个体而言，资本家努力引进新的、节省劳动力的生产技术，是为了以高于其生产价格，甚至高于其价值的价格销售商品，因为竞争对手使用的技术生产成本更高。要想继续经营下去，其他资本家必须引入这些新技术，以便能够减少商品生产所需的劳动时间，从而降低商品的价值。因此，作为个体，资本家努力提高自己的剩余价值，从而提高利润，但作为一个阶级，竞争过程实际上却使得利润降低。这是资本主义生产方式的合理结果。

然而，这不是资本主义走向危机的唯一机制。要确保工资长期维持在最低生活水平，就需要在整个体系中形成一个失业率水平，即相当规模的劳动后备军，不仅要使劳动力更听话，而且还要保持资本家作为一个阶级对劳动力的权力，以提高剥削率。然而，这种对失业的需求会导致实现危机，这是因为能够买得起资本家所提供产品的劳动人数越来越少，从而使得资本家在流通过程中无法实现他们从剩余价值中获得的利润。因此，虽然引进新的生产技术降低了商品价值，并增加了劳动力后备军，但随着劳动力市场收紧，对这些商品的需求也在下降，这不是由人口变化的生物学法则造成的，而是资本主义生产方式的必然后果。

失业的原因

资本主义经济中，有几种相互关联导致失业的原因。但随着时间的推移，资本有机构成增加的作用越来越重要。在资本主义发展的初始阶段，前资本主义部门的劳动力供给逐渐减少，使得资本主义部门的劳动力供给不断增加。然而，由于资本主义部门的生产率高于前资本主义部门，因此在资本主义部门的扩张中，释放出来的劳动力数量超过了所吸纳的数量。集中度逐渐提高，这一过程愈发突出。而集中度的提高也减少了资本家的数量，同时提高了无产阶级的规模。技术变化的速度和形式受制于适当投入的相对稀缺。因此，如果在任何时期，对劳动力的需求高，工资就会增加，利润率下降，就会加快节省劳动力技术的应用，从而减少对劳动力的需求。此外，由于资本的有机构成随着时间的推移而上升，对劳动力的需求将相对下降，因为大部分资本被用于购买生产资料，用于购买劳动力的资本变少。劳动力后备军使得资本可以获得对劳动力的完全控制。这是将实际工资维持在维持生计水平的关键经济力量，确保提高劳动生产率的技术来提高剥削率，从而提高了资产阶级在净产出中占有的相对份额。与此同时，资本集中，资产阶级所占的净资产相对份额增加，归在竞争中取胜的资本家所有，导致阶级结构的两极分化日益加剧。

在劳动后备军这一统称中，马克思将它划分成不同的类型，即流动型、潜在型和停滞型。流动后备军由失业工人组成，这些人以前由资本雇用，并已经居住在工业区，工业循环先后迫使大量工人进入后备军，然后再招募他们重新就业。马克思认为这一类后备军是资本在需要时最容易获得的。潜在的过剩人口是因为引入了资本主义农业，使得农村地区出现了大规模的就业不足，从而确保了城市部门总能招到新的工人。那些非正常就业，就业时也只能拿到极低工资的人被归类为停滞剩余人口，构成了马克思所说的永不干涸的可支配劳动力量的蓄水池。

因此，马克思所说的工业后备军是失业或未充分就业的工人群体，其规模和构成都处在不断变化之中。劳动力的需求和供给都受资本积累的影响：在供给方面，资本积累是一个节省劳动力的过程，导致工人失业；而在需求方面，失业工人降低了对许多商品的需求，导致价格下跌，以及商品的生产下降，从而导致该生产领域的失业率上升。但必须看到，这一过程的一个影响可能是，机器生产部门对劳动力的需求将部分抵消这种就业上的减少。因此，整体效应取决于机器生产部门的资本有机构成，以及该部门的剥削率。关于这一点，马克思提出，资本积累导致资本有机构成上升，因此整个过程都会导致劳动力后备军规模的扩大。

总结

马克思辩证地考察了资本积累的性质，分析了资本主义经济的运动规律。为了获得更多利润，每个资本家都进行积累并引入技术革新。其他资本家迫于竞争压力，不得不效仿，从而使得先行者的优势消失。故而，竞争体系使这一过程永久延续。但是，这个辩证的过程导致了竞争制度对自身的否定，也就是说，资本积累破坏了竞争制度，使得垄断日益加剧。这就是所谓的资本主义的"内在逻辑"，即恰恰是资本主义制度的成功引发了资本主义内在矛盾，导致资本主义危机。

8
利润率下降趋势与产品实现危机

简介

对马克思来说,利润率下降的趋势是资本主义经济运动的基本规律,体现在一个动态的过程中。随着资本积累的增加,技术变革使得劳动生产率提高,从而提高了资本的有机构成,使得利润率下降。反过来,这又使得资本家为避免利润率下降而进行积累和创新,导致资本积累和集中。这个规律由两个相互矛盾的对立力量组成,要解决这些矛盾就会导致资本主义制度的变化。实现危机是贯穿整个经济思想史的一个问题,或明或暗地被称为消费不足理论或与缺乏有效需求有关的问题。因此它不是马克思主义理论所独有的。但是,马克思将自己对"实现问题"的论述的方式牢牢定格在资本主义生产关系的具体性质上。因此,之所以会出现危机,是因为驱动商品生产的是积累而非使用价值,是由于资本主义制度的动态性质(它涉及经济变革并瓦解生产模式),是因为资本主义商品生产所导致的日益细化的劳动分工。

利润率下降的趋势

马克思假设利润是地租、利息和行业利润,因此,马克思指出利润率下降时，行业利润率上升是完全可行的，也就是说，平均利润率可能会随着地租和利息的下降而下降，而行业利润却在上升。马克思还将总剩余价值与利润总额相提并论，但只有在不存在转化问题的情况下才是如此。然而，这并没有削弱马克思的论点。一旦我们承认存在转化问题，就需要将价值利润率 r（V）与生产价格利润率 r（P），以及相对于市场价格的利润率 r（MP）区分开来。因此：

价值利润率

$$r（V）= \frac{s（V）}{c（V）+ v} \qquad 8.1$$

生产价格利润率

$$r（P）= \frac{s（P）}{c（P）+ v（P）} \qquad 8.2$$

市场价格利润率

$$r（MP）= \frac{s（MP）}{c（MP）+ v（MP）} \qquad 8.3$$

资本家看不到 r（V）或 r（P），只是观察 r（MP）并对此做出回应。利润率下降的规律是一种长期关系，适用于 r（V）或 r（P）。这一规律假定剥削率是不变的，用马克思的话说："……不变资本相对于可变资本的这种逐渐增长，必然导致一般利润率逐步下降，因为剩余价值率或资本对劳动力的剥削程度保持不变"（Marx，1981，p.318）。因此，由于机器取代了劳动力，有机构成有上升的趋势。所以，如果假设剩余价值是不变的，并且资本有机构成随时间增加，则 r（V）必然会下降。资本家进行积累、创新，并以低于市场价格但高于生产价格进行销售。于是，利润率上升，由于竞争，资本家被迫进行模仿，最终降低均衡价格，导致利润率下降。

一般利润率下降的渐进趋势，恰恰是社会劳动生产率的渐进式发展的体现，这是资本主义生产方式所特有的。这并不意味着利润率不会因为其他原因而暂时下降，但它确实证明，这是由资本主义生产方式本身的性质所衍生出来的一种不言而喻的必然性，即在它的推进过程中，剩余价值的总体平均率必须表现为不断下降的一般利润率。

(Marx, 1981, p.319)

因此，利润率下降的原因在于资本主义经济的竞争性质，不受资本家的喜好的影响，资本家企图实现利润最大化，但却事与愿违。

正如我们所看到的，积累一般伴随着资本积累和资本集中，因此，虽然利润率下降了，但是剩余价值和利润总额增加了。之所以是这样，是因为尽管资本家使用的不变资本相对较多，使用的劳动力也更多。然而，并不一定要雇佣更多的工人。因为通过提高工作强度，延长工作时间，或者降低劳动力价值，可以在少雇佣工人的情况下，也能提高剥削程度。

因此，利润率下降的趋势规律，必然采用资本构成的概念进行解释。然而，出于这个目的，这个概念的定义必须更加清晰，并区分资本构成的三个组成部分。在文献中的情况并不总是如此，这种区分并没有总是得到认同。[1]马克思探讨利润率下降趋势规律时运用了技术构成、价值构成和有机构成。资本技术构成（TCC）是指每个生产期间所消耗的生产资料与工资性商品的数量之比。也就是说，可以在给定的劳动时间内加工成最终商品的生产资料数量。不能用单一指标来衡量，因为它是材料、物理数量、使用价值（材料投入）和劳动力数量的不同组合的比值（Saad-Filo, 1993, p.131）。资本价值构成（VCC）定义为相同比例的表达，但以生产资料和消费的工资性商品的当前价值来衡量，因此是不变资本与可变资本的比值。最后是资本有机构成（OCC），同资本价值构成一样用c/v表示，但由于技术构成总是随着更多生产性技术的使用而增加，按照不同的比率，生产率的提高降低了单位生产资料和工资货物的数值。因此，虽然VCC基于这些不断变化的值，但OCC是从变化中抽象出来的。因此，OCC的变化与TCC的变化成正比，但VCC的变化则不然。

> 要从两个方面来理解资本的构成。价值是由其分成不变资本……和可变资本的比例决定的……所有的资本，作为材料，是在生产过程中发挥作用的，分成生产资料和生活资料。后一种构成由生产资料的数量与就业所需的劳动数量之间的关系所决定。我把前者称为资本价值构成，后者称为资本技术构成。两者之间有着密切的关联。为了说明这一点，我将资本价值构成称为资本有机构成，只要价值构成是由其技术构成所决定，并且反映技术构成的变化。只要我提到资本的构成，倘若没有进一步的限定，其有机构成就按此理解。

（Marx, 1976, p.762）

因此，马克思对OCC和VCC作了区分，对两个辩证相关过程进行了区分，因为OCC的提高与TCC的上升以及生产率的提高相关联，而随之而来的是商品价值的降低，这和生产率的提高有关。因此，OCC与不变资本的总价值和转换投入所需的总劳动时间相关。马克思对此的解释是：

> 不同的生产资本要素之间的比例……［可能］……由生产资本的有机构成所决定。对此，我们指的是技术构成。在劳动生产率一定的情况下……原材料和劳动资料，不变

资本的数量［就其物资要素而言，和确定活的劳动数量（已付或未付）相对应，也就是和可变资本的物资要素相对应］由生产的各个环节所决定。

（Marx，1972，p.382）

然而，从资本的有机构成的角度对资本进行分析存在一个重大问题，因为一组生产资料的价值是其组成部分的单位价值乘以使用量得来的，似乎不可能确定某个OCC的变化是由TCC的变化引起的，还是由已经耗尽的生产资料价值的变化引起的。但对马克思来说，这并不是个问题，因为OCC的定义意味着：如果TCC是不变的，即使资本构成的价值发生了变化，它也是不变的。马克思接着解释说：

……如果有人认为资本的有机构成是既定的，同样有机构成之间的差异也是既定的，那么，即便技术构成保持不变，价值比也会改变，……有机变化以及价值变化所引发的变化在某些情况下会对利润率产生类似的影响。然而，它们在以下方面有所不同。如果后者不仅仅是由于市场价格的波动造成，故而不是暂时性的，那么它们不可避免地由提供不变资本或可变资本要素的领域中的有机变化所引起。

（Marx，1972，pp.383-386）

因此，马克思认为，在一个给定的生产过程中，不变资本与可变资本数量之间的价值比所发生的变化，要么来自投入价值的变动，要么来自生产技术的变化。

马克思把利润价值率视为：

8 利润率下降趋势与产品实现危机

$$r = \frac{s}{c+v}$$

然后主张,如果c/v上涨,而s/v涨幅不够,那么利润率就会下降。法因和哈里斯(Fine and Harris, 1979, p.61)认为,在《资本论》第三卷中,马克思似乎认为利润率下降的趋势规律是积累的必然产物,但却指出,只有把重点放在这一规律的趋势部分,才能正常理解这一规律,而不应将这一规律曲解为暗示利润率将要下降。

所以,虽然趋势规律概述了利润率下降的过程,但是,有一些抗衡力量在起作用。第一,剥削率可能不会随着时间的推移一成不变,提高工作强度会提高剥削率,从而抵消利润率的下降。第二,如果劳动力后备军规模庞大,还可以使得工资低于劳动力价值。第三,降低不变资本要素的价格会提高生产率,从而降低不变资本的价值。第四,因资本积累、裁员,以及引入有机构成较低的产业会造成人口相对过剩,减缓利润率的下降。最后,对外贸易可能会降低劳动力的价值,例如通过进口更廉价的食品,并且可能降低不变资本(原材料)的价值,这将提高利润率。所以,随着这种抗衡力量的运作,这条"规律"变成了一种趋势。

但是,可以说,没有理由说技术变革就是为了节省劳动力。但相对容易证明的是,在获得对劳动力的管控或权力方面,需要通过裁员进行威胁,以及庞大且不断增加的劳动后备军对已就业劳动力形成震慑。更正式地说,可以说应该在价格体系中定义利润率,但由于转化问题,我们不知道价格领域的资本有机构成。新李嘉图派认为,假设实际工资不变,技术变革会导致价格体系中的利润率上升。因此,对于既定的实际工资,如果技术变化降低了单位生产成本(在价格体系中),那么在新的均衡价格体系中,利润率(在价格体系中)要么不变,要么增加。然而,马克思并没有假设实际工资不变,因此,如果实际工资随着技术的变化而上升,那么利润率就会下降。此外，在李嘉图模型中，根本没有考虑资本主义积累和创新的竞争性质。如果将这一点考虑在内，那么由于"资本主义的无政府主义本质"，利润率会下降。

格林（Glyn）利用发达资本主义经济体战后的增长模式证明，资本积累和盈利之间存在紧密的关系，而且积累和经济增长之间的关系也比新古典主义理论所认为的紧密。此外，格林认为，在20世纪70年代经济放缓之后，由于失业率的上升，大大降低了劳动力的议价能力，20世纪80年代在利润水平方面取得了成功（Glyn, 1997）。[2]

实现危机

实现问题并非马克思所独有。事实上，首先提出这个问题的是李嘉图和西斯蒙第（Sismondi），凯恩斯的有效需求理论也涉及了实现问题（Kenway, in Eatwell et al., 1990, p.326）。实现问题的实质在于对已经生产出来的商品是否存在足够的需求，李嘉图认为，没有出售的意愿，就不会有人生产，而如果不是为了购买其他东西，则就没有人出售。"购买产品的总是其他产品或者服务；货币只是实现交换的媒介"（Sraffa, 1981, pp.291-292）。马克思毫不留情地批评了这种说法，认为这种论调的确是错误的，因为它忽略了资本主义生产的特性。特别要指出，货币不仅是进行交换的媒介，而且还是一种支付手段。因此，支付方式发生变化时可能会产生一种情况，即商品必须以低于它的生产价格出售。此外，马克思认为，在货币交换严重中断后，与活动均衡水平的偏差将会加大。他认为，由于价格关系控制着再生产过程，价格普遍下跌时，生产就会"停止并陷入混乱"。这使得货币作为支付媒介的功能陷入瘫痪。与此同时，信用体系崩溃，导致货币突然贬值、停滞以及再生产的瓦解（Marx,

1981, p.363)。然而，马克思将危机可能性的因素与真正导致危机的因素区分开来。商品的购买和销售只有在使用货币的情况下才会分开，马克思认为这是危机产生的基础。这些危机只是在资本主义生产方式中反复发生，马克思认为危机反复发生的原因有三个。第一，资本主义商品生产的主要动机不是用于使用价值，而是用于抽象的财富积累。因此，在资本主义商品生产中，价值实现问题的作用被放大了。第二，由于资本主义商品生产是动态的，不断促使经济产生变化，这种变化趋向于瓦解既有的再生产模式，使得实现危机越来越有能力导致经济制度失效。第三，由于资本主义商品生产细化了劳动分工，增强了专业化，而实现危机对制度的瓦解会激发更广泛领域的危机。

在解释周期性波动时，马克思特别强调了利润变化的作用和资本家的利润预期变化的作用。他概述了发生周期性波动的情况，将其分为两类：体制外随机分布的冲击，以及资本主义生产方式自身产生的内生性冲击。马克思更强调用后一类来解释周期性波动。内生性冲击还可分为两个决定因素。首先，利润率下降，剩余价值的生产遇到困难，从而导致经济危机。其次，购买力不足，使得无法实现已经生产出来的剩余价值，进一步降低了利润率。在《资本论》第三卷中，马克思认为，直接剥削和实现直接剥削需要不同的条件。直接剥削仅受社会生产力的限制，而实现剥削则受限于不同生产部门的比例和消费能力，而相互对立的分配架构又使得多数人的消费降至最低。此外，它还受制于"对积累的追求、对扩大资本规模和创造更多剩余价值的追求"（Marx, 1981, pp.352-353）。这种动机源于资本主义生产方式本身，迫使资本家通过竞争改变生产方式以避免破产。然而，随着生产率的提高，就会与消费关系框架发生冲突。

消费不足理论认为，危机产生的原因众多，其中之一可能是对商品的有效需求不足，对马克思主义理论表达最妥当的是卢森堡

（Luxemburg）（1963）、巴兰（Baran）和斯威齐（Sweezy）（1966）。这些理论与凯恩斯在《通论》（1936）中的论点显然是相似的。马克思讨论了有效需求的概念，但讨论的是危机的形式，而不是根本原因。实际上，在《剩余价值理论》第三卷中，马克思似乎否定了西斯蒙第、查尔莫斯（Chalmers）和马尔萨斯的消费不足理论，马克思更倾向于认为危机按一定周期发生的，而不是长期的停滞。因此，对于马克思来说，虽然创造剩余价值是生产的目的，但生产却只是利润产生过程中的第一个动作。第二个动作是在市场上销售商品，而这又受制于社会消费能力。经过了剥削、竞争和积累，社会消费能力被降到了最低点。因此，在资本主义生产所特有的消费和分配条件下，周期性消费不足（生产过剩）减少了剩余价值的实现。正是由于存在周期性的混乱，生产过剩和资本家无法实现利润情况就会持续下去。因此，一切危机的真正罪魁祸首是资本主义生产方式所导致的消费不足，也就是社会没有能力消费掉所生产出的东西。正如克拉克（Clarke）（1994）所指出的那样，以过度积累为基础的危机理论中，一些评论家强调了劳动力供给的作用，但实际上在《资本论》第三卷中，马克思坚持认为，积累模式的主要决定因素不是工资的上升和下降。这是因为这种工资的变动只不过是迫使资本家发展生产力的一种机制。因此，马克思认为，虽然工资上涨确实在一定程度上推动了危机的形成，但不能用劳动力供给来解释危机的发生。

利润率下降加速了资本积累的过程，而资本积累的加速则使得利润率进一步下降。此外，利润率下降，使得财富愈发集中在少数资本家的手中。利润率下降，使得无法进一步进行资本积累，从而导致投机、危机和资本过剩、人口过剩问题，从而危及资本主义发展机制。实现持续的资本增长，就要对广大生产者进行剥夺，并使其处于贫困状态。这意味着资本主义的历史任务（创造和再创造生产能力）和与之对应的社会生产条件之间的冲突不断，并有可能使得利润率下降。此外，资本集中到相对较少的人手中会带来新的危机，因为利润率不高的大资本经过集中后积累速度要高过高利润率的小资本。大资本占据了有利可图的投资渠道，使得小资本被迫进入投机渠道，后果导致"所谓的资本过剩"。这清楚地表明这是资本的扩张过程。因为小资本还不够大，故此无法经受住利润率的下降。其净结果是劳动力过剩和资本过剩。

其中涉及的机制是，随着生产积累的进行，TCC上升。故而，每个工人将使用更多原材料，并存置大量的生产资料。所以，资本要素的价值将随着其衡量标准的提高而下降。因此，尽管可以认为OCC会随着资本主义生产规模的扩大而继续提高，OCC却不会像TCC那样提高。与资本所有权日趋集中相伴的还有所有权日趋集中，这加速了生产的社会化和OCC的上升。不断上升的OCC体现了资本主义生产通过生产力的发展来提高社会劳动生产率的趋势，同时也通过资本的积聚和集中将市场扩展到全世界。然而，这种资本积累的过程并不是一帆风顺的，周期性危机和过度积累导致过时的资本破产，并使得劳动后备军规模扩大，从而使得资本积累的过程中断。

马克思还专门强调了信用制度在资本主义生产方式所产生的循环中的作用，以及资本主义制度根本性的内在矛盾的作用。他认为商业周期的周期性根源于固定资本的置换。事实上，在《资本论》第三卷第三十章的脚注中，恩格斯谈道：

> 周期过程的剧烈形式以及此前的每十年一个循环似乎已经过时，取而代之的是一种更长期和漫长的交替，一会是相对较短而又乏力的经营改善，一会是相对较长的不确定的萧条，在不同时期对各个工业国家产生影响。或许，其中涉及的只是周期的延长。1815年至1847年世界贸易尚

处于起步阶段时，人们可以看出大约5年为一个周期；在1847年至1867年之间，这个周期很明显是10年；我们现在可能正处于一场前所未有的严重的世界性崩盘的孕育阶段吗？

（Marx, 1981, p.620）[3]

马克思理论的一个重要内容是生产资料的不断革新导致机器产生"无形损耗"。资本处于周转周期时，受其固定部分的约束。而这是周期性危机的基础。投入资本用于购买生产资料并支付工资后，还需要经过一段时间，商品才能上市，就出现了"酝酿时滞"，即资本投放后的滞后期。因此，存在一个需求将超过供给的时期，对资本投入的需求将给货币市场带来压力。

由于生产资本要素不断从市场中撤出，投入市场的全部要素就是等值的货币，有效需求会上升，而这种需求本身不会提供任何供给要素。因此，生活资料和生产要素资料的价格都会上涨……甚至是对于比较容易雇佣到的工人，其工资也会普遍上涨。这个情形一直持续到下一个不可避免的危机期，工人被大规模解雇，将工资一压再压，直至低到无法再低。

（Marx, 1981, pp.390-391）

如果把资本再生产当作一个整体看待，出现的主要问题是固定资本投资不是连续的。因此对新生产资料的需求因时而异，并且在生产部门之间出现不成比例的现象。资本家在一段时间内积累了资金，然后将这些钱用于固定资本投资，这反过来形成了一个资金从流通中撤出的时期，由此资金无法继续发挥其作为流通手段的作用，使得价值无法实现。

总结

马克思认为，在繁荣转入萧条时期的期间，利润率有一种固有的下降趋势，因此资本主义不可避免地出现反复的危机和萧条。但利润率下降的趋势规律是积累的必然产物。这仅仅是一种趋势，因为当劳动后备军数量庞大时，抗衡力量就可能会发挥作用，来提高剥削率，或者迫使实际工资下降。剥削、竞争和积累的过程使得利润无法从剩余价值中实现，这给资本主义生产方式带来了许多问题。因此，实现危机本身就是资本主义生产关系和生产力的产物，而这恰恰是剩余价值的产生机制。

9
米哈尔·卡莱斯基和皮埃罗·斯拉法

简介

米哈尔·卡莱斯基（Michal Kalecki）和皮埃罗·斯拉法（Piero Sraffa）不仅是20世纪最成功的两位新古典经济理论批评家，而且二人都是从马克思主义的角度来展开各自的批评的。两人都证明了新古典经济学的不足和逻辑上的自相矛盾之处，并试图用马克思主义的理论框架分析当代资本主义。[1]然而，也可以将二人的分析以及结论视为对马克思主义理论全新的阐释。

米哈尔·卡莱斯基（1899—1970）

卡莱斯基早期在华沙格但斯克理工学院就读于工程专业，接受了正规的教育，后来自学了经济学。因为家庭贫困而中断了学业。1933年，他发表了用波兰语撰写的论文——《论商业周期理论》（"An essay in the theory of the business cycles"），所阐述的主要观点与后来为大众所知的凯恩斯理论相同。凯恩斯的《就业、利息与货币通论》出版时，卡莱斯基恰在瑞典，阅读到了这样一本自己早已打算撰写的书。但是，他从未在公开场合提到自己早就有撰写的打算。在阅读了《通论》之后，他来到英格兰，开始在凯恩斯分析的几个薄弱之处挑战年轻的凯恩斯学派的学者,迫使他们重新思考一些问题。卡莱斯基于1946年加入联合国经济事务部并担任副部长。由于麦卡锡主义盛行,被迫于1946年辞职。返回波兰后,专心致力于改善社会主义波兰的计划方法和技术(Sawyer,1985,pp.3-7)。

卡莱斯基在早期关于资本主义的著作中,对20世纪30年代资本主义面临的诸多问题按照马克思主义理论进行了剖析,而他关于资本主义的论点主要涉及持续的产能过剩、自我形成的商业周期、萧条的趋势,以及劳动力失业中所自我展示出的矛盾,他将这些矛盾视为资本主义运转的内在因素。卡莱斯基和凯恩斯之间的主要分歧是两人对国家在资本主义经济中所起的作用有不同的理解。卡莱斯基认为在充分就业方面存在严重的社会政治制约,要维持充分就业就需要永久性的预算赤字。在《充分就业的政治因素》(*Political Aspects of Full Employment*)(1943)中,他认为,如果资本主义政府知道如何维持充分就业,政府就会维持充分的就业,这种想法是荒谬透顶的。大企业会反对,因为大企业不喜欢政府干预就业。在"自由市场"下,就业水平取决于"信心状态",如果"信心状态"恶化,私人投资就会下降,导致产出下降,失业增加。这使得资本家可以有力地以间接形式控制政府的政策。因此,人们认为财政赤字是危险的,所以主张"健全的财政",以使就业水平依赖"信心状态"。因此,政府的职责是维持"信心状态",这一点始终符合资本的利益。卡莱斯基还认为,大企业不喜欢政府支出和消费补贴,其原因在于公共投资与私营企业进行竞争并将其"挤出市场"。就消费补贴而言,反对是出于道德的原因:"资本主义道德的基本原则要求'你应该用汗水赚取你的面包'——除非你碰巧有投资性的收入"(Kalecki,1972,p.78)。最后,大企业对维持充分就业所带来的社会和政治变革感到厌恶,因为在充分就业体制下,"解雇"不再具有约束的作用。"老板"的社会地位被降低,工人阶级的自我保证和阶级意识会增加，这反过来会导致罢工和纠纷。卡莱斯基认为，充分就业不会影响利润，因为价格上涨部分很可能超过因工资上涨所减少的利润。然而，更受企业领导人青睐的是"工厂纪律"和"政治稳定"，而不是利润（Kalecki，1972，p.78）。他提出，"阶级利益"告诉我们，在企业领导人看来，持久的充分就业是不健康的，失业是资本主义制度不可分割的一部分。因此，卡莱斯基采用马克思主义的观点，即国家的自主权只是资产阶级个别派系的权力。国家行为的目的是生产和再生产出资本主义的阶级关系，也是资本主义制度体系的组成部分。

在探讨政治经济周期中，卡莱斯基坚持认为，在经济低迷时期，政府将通过借贷进行公共投资，以防止大规模失业。在随后的繁荣中形成高水平就业，而如果政府试图延续并维持这种高水平就业的政策，将遭到资本家的反对。资本家想要将失业作为约束工具，所以施压迫使政府重新采取"正统"的政策，削减预算赤字，从而导致经济衰退，需要重新引入公共投资。因此，除非是在经济最繁荣的时期，否则"政治经济周期"无法确保充分就业。

卡莱斯基的方法显示了马克思主义对资本主义持续性危机的洞察力。在《资本家是否有可能战胜危机》（"is a capitalist overcoming of the crisis possible"）一文中，他将资本主义的结构性危机与经济波动的中期衰退阶段区分开来。倘若不将两者区分开来，就会对资本主义的稳定性过于乐观（Kriesler and McFarlane，1993，p.219）。卡莱斯基提出，在资本主义体系的框架内，可以克服经济周期的衰退阶段，但无法克服结构性危机。起决定作用的不是经济因素，而是社会因素，即工人阶级所采取的立场。《三种体系》（"Three Systems"）（1934）关注的是普遍性理论问题，即具体条件是什么，在什么情况下货币工资的变化会导致实际工资发生变化，并从而导致国民收入中工资占比的变化。他使用了再生产模型，专注于跨部门流动，并在马克思的扩大化再生产方程的固有框架内探讨了生产资料（producer goods）部门的工资与生活资料（consumer goods）部门的盈余之间的关系。在其他系统中，卡莱斯基处理的是利率、产出水平、投资和货币流通速度之间的关系。他对生产资料部门的工资收入和生活资料部门的盈余之间的关系感兴趣，并得出结论：在一段周期的期末是需要均衡的，那时生活资料部门找到了生产资料部门形成的市场，足以处置其盈余，从而为有意识地囤积生活资料创造了条件。必须看到，他关心的不是新古典主义型均衡是如何确立的，而是像马克思一样，感兴趣的是关系的均衡。事实上，卡莱斯基并没有依赖任何均衡的概念。他认为，周期性危机之所以出现，是因为"投资不仅是被动的，而且投资还引发别的投资"（Osiatynski, 1990, p.554）。投资支出是有效需求的来源，带来了繁荣，但也是一把"双刃剑"，因为投资同时也增加了资产设备，与老一代资产设备相互竞争：

$$K_{t-1}+I_t=K_{t1} \qquad 9.1$$

"投资的悲剧在于，投资之所以引发危机，是因为投资很有用。但矛盾的不是这一理论，而是其主题——资本主义经济"（Osiatynski, 1990, p.554）。

在希克斯（Hicks）的循环模型中，循环的幅度是有天花板（劳动力和产出瓶颈）和地板（自发性投资）的，卡莱斯基的看法与之不同。由于产能过剩阴魂不散，卡莱斯基甚至从来没有让公司达到繁荣（充分就业）时所能达到的最大峰值。转折点由利润率与投资率之间的关系决定。

因此，投资在繁荣时期达到顶峰时，会出现以下情况：利润和国民收入的变化和投资直接相关，所以同样不再增长，但由于净投资是正的，所以资产设备仍在继续增加。

因此，生产能力的提高并没有与有效需求的增加相匹配。结果，投资下降，这又导致利润和国民收入下降。

（Osiatynski，1991，pp.417-418）

因此，卡莱斯基的动态经济学的一个关键因素是投资决定。对于新古典主义而言，是因为有储蓄，所以要投资，但对卡莱斯基来说，与凯恩斯一样，因果关系是颠倒过来的。然而，在一些关键方面，卡莱斯基与凯恩斯存在不同。卡莱斯基强调了投资决策与实际投资之间的区分，即"酝酿时滞"。所谓"酝酿时滞"，是指鉴于"企业家的反应"有所不同，从获取订单到造好设备之间存在时滞。他还在分析投资时吸纳了财务限制，即企业从当前利润中拿出的总投资将对投资决策产生重要影响。他指出，其他影响因素还包括单位时间利润变化和固定资本存量变化。然而，尽管看起来与加速器模型类似，但加速器过于简单，非常不充分，因为它没有考虑到卡莱斯基所列的其他投资决定因素，与事实不符。即便现有产能不发生实际的增加，比如存在大量储备产能的情况下，产量实际上也可能会增加。

对卡莱斯基而言，实际总利润是由资本家的消费决定和投资决定所确定的，因此人们常常把卡莱斯基和这句话联系起来，即"工人花了工人得到的，资本家花了资本家得到的"。[2]如果总利润、资本家的消费和投资是按实际价值确定的，那么制造生产资料的部门和制造资本家生活资料的部门的产出和就业水平也是按实际价值确定的。那么，决定收入分配（垄断程度、加价百分比）的微观经济因素将发挥作用，这不是通过直接影响总利润，而是通过影响实际工资实现的，因为实际工资会通过对工资消费品部门施加影响来影响国家产出水平。

在《商业周期》（*The Business Cycle*）（1943）一书中，卡莱斯基

假定不存在预算赤字，但存在经常账盈余，且工人没有储蓄。经济活动水平由投资决定，而决定投资的是经济活动水平及其变化率，并存在时间差。因此，在给定的时间点，投资是由较早时间点的投资水平和投资变化率所决定的：

$$\frac{I}{\Delta I} \to \frac{II}{g} \to \frac{II}{\Delta I} \to \frac{III}{g} \to \frac{III}{\Delta I} \to \cdots \qquad 9.2$$

（其中 g =经济活动率）

这为卡莱斯基的动态经济过程分析提供了依据，使其能够表明这一过程涉及周期性波动。分析过程如下。资产设备利用率的波动与总产出所经历的波动顺序是相似的。因此，在经济萧条时期，相当比例的资产设备处于闲置状态（未得到充分利用）。平均而言，资产设备在整个商业周期的利用程度也将大大低于经济繁荣时期达到的最高水平。有效劳动利用率的波动与资产设备利用率的波动是平行的，因此，经济萧条期间不仅会出现大规模失业，而且整个周期中的平均就业率也远低于繁荣时期达到的峰值。故而，资产设备储备和劳动后备军是资本主义经济的典型特征，至少在相当一部分周期中是如此。卡莱斯基在《商业周期理论概述》（*Outline of a Theory of the Business Cycle*）（1933）中探讨了投资订单、资本总积累，以及产生商业周期的资产设备数量的相互关联的变化。他认为，由这种机制产生的总积累波动也必须反映在总生产（产出）的波动中。一方面，实际总利润随着总积累的增加而增加，与此同时，总积累的增加使得利润增加。另一方面，它们可以表示为总产量和单位产出的利润的乘积。因此，总积累即总投资品生产（资本存量变化=投资变化）的变化与总生产的变化之间的关系，具体表现为以下方式：当投资品生产增加时，总生产会直接同步增加，但除此以外，由于新加入投资品部门的工人对消费品的需求增加，总生产还会进一步增加。随之而来的是生活资料部门就业人数增加，使得对生活资料的需求进一步提高。总生产水平和单位产出利润的水平最终将增加，直至实际利润的增量等于投资品的增量。然而，卡莱斯基认为我们需要考虑资本家消费的变化。资本家的消费在一定程度上取决于总利润，因此将与总积累一起提高。资本家消费提高，产生的影响与投资品生产的影响一样，即资本家的生活资料生产扩大。这就导致了就业的增加，而这又提高了工人对生活资料的需求，使得生产进一步提高。总生产水平和单位产出利润的水平最终将得到提高，直至实际利润的增量等于投资品的增量。资本家消费增加反过来会提高资本家利润这一结论是与直觉相悖的，人们普遍认为，消费越多，储蓄就越少。就资本家个体而言，这种方法是正确的；然而，并不适用于整个资产阶级。如果一些资本家把钱花在投资或生活资料上，这些资本家的钱就会以利润的形式转移给其他资本家。因此，某些资本家的投资或消费为他人创造利润，实际上，资本家作为一个阶级获得的收益与他们的投资或消费完全一样，如果在一个封闭的系统中，资本家不再投资或消费，那么资本家就根本赚不到钱。因此，资本家作为一个阶级，其利润是由其投资和个人消费的程度来决定的。在某种程度上，资本家是"自己命运的主人"；但他们如何"掌控"自己的命运是由客观因素决定的，故此利润的波动似乎是根本无法避免的（Kalecki,1971,p.13）。

皮埃罗·斯拉法（1898—1983）

斯拉法出生于都灵，1916年至1920年就读于都灵大学。1919年结识安东尼奥·葛兰西（Antonio Gramsci），[3]后因在《曼彻斯特卫报》（*Manchester Guardian*）上发表的关于欧洲重建的文章以及发表在《经济学杂志》（*Economic Journal*）上的关于意大利银行业危机的文章，得罪了墨索里尼，20世纪20年代，斯拉法被迫离开意大利。[4]

斯拉法抨击了阿尔弗雷德·马歇尔（Alfred Marshall）的《竞争条件下的回报定律》中的价值论，从而奠定了其作为理论家的声誉。1927年，斯拉法受聘于剑桥大学三一学院，此后一直在那里任教，直到去世，并影响了莫里斯·多布[①]（Maurice Dobb）和乔安·罗宾逊[②]（Joan Robinson），而他的学生包括罗纳德·米克[③]（Ronald Meek）、佩兰盖洛·加雷尼亚尼[④]（Pierangelo Garegnani）和路易吉·帕西内蒂[⑤]（Luigi Pasinetti）。斯拉法的《用商品生产商品》引发了铺天盖地的争论，但是他本人并没有参与其中。

《用商品生产商品》于1960年出版，直接引发了"资本论战"，对长期以来不遗余力攻击社会主义和社会主义经济学的新古典派理论形成了致命的打击。例如，J.B.克拉克（J.B.Clarke）（19世纪末）认为，土地、劳动力和资本的回报可以用各个要素的相对稀缺性以及它们对产出的有益贡献进行解释。斯拉法证明这种说法在逻辑上是前后矛盾的，因为生产要素没有获得其边际产品，尤其是，资本生产率没有起到解释利润的作用。柏姆-巴维克（奥地利学派）将生产资料还原为一系列过时的"原始性"生产、土地和劳动因素。斯拉法认为，使用固定资本的生产过程情况并非如此。此外，即使在流动性资本技术上面，柏姆-巴维克的积累和分配理论也存在致命缺陷。像保罗·萨缪尔森这样的新古典经济学家很快就承认了这种对克拉克和奥地利学派分析的抨击是成功的。然而，新古典派经济学

[①]英国剑桥大学的经济学家，也是剑桥大学三一学院的学者，是一名卓越的马克思主义经济学学者。——译者注
[②]英国经济学家，为后凯恩斯学派的重要人物，曾提出不完全竞争理论，对新古典经济学派发起著名的剑桥资本争论。——译者注
[③]英国著名的马克思主义经济学家，师从著名马克思主义经济学家莫里斯·多布攻读经济学博士学位。——译者注
[④]意大利著名经济学家，罗马第三大学教授。——译者注
[⑤]意大利著名经济学家，被认为是剑桥凯恩斯学派的继承人。——译者注

家坚持认为，他们的理论的主要形式——瓦尔拉斯一般均衡仍然毫发无损。特别是，他们之所以能够提出这一主张，是因为正如我们看到的那样，斯拉法的分析是处于一种均衡框架中的。

斯拉法打算从根本上解决李嘉图面临的问题：存在一种不变的衡量标准，对利润率或工资水平的变化保持不变。从李嘉图的长期均衡开始，斯拉法假设劳动是同质的，并且是系统的单个不可再生的投入，其数量是给定的。在所有的行业中，都有固定的投入系数，因此产量与不变收益的条件成比例。[5]每个行业都使用一项技术生产一种商品，也就是营运资本和同质劳动相结合。起初，斯拉法使用一个简单的同步投入—产出方程系统，每种商品使用一个，然后，通过一个与维持最低生计的工资相等的静态系统，展示出相对价格和利润率是如何被同步确定的。但是，只要维持最低生活水平的工资发生变化，相对价格的结构就会随之改变。因此，斯拉法引入了"标准商品"的概念，可以表达相对价格，又不会使工资水平或利润率发生扭曲。"标准商品"仅包括那些以相同的比例与制造商的可再生性非劳动力投入相合并的产出。这就是所谓的"标准体系"，在任何经济体系中都是独一无二的，如此一来，"标准体系"的净产出与投入比，以及累积到工资的净产出比将决定经济的整体利润率。"基本"商品，也就是直接或间接进入所有其他商品（包括其自身）生产的商品，以及只进入最终消费的"非基本"商品之间存在着重要的区别。"标准商品"只包括按"标准比例"（与其进入自我生产的比例相同）进入其生产的基本产品。因此，标准商品代表着"经济的核心，相互联系，不可分解，全部由基本商品构成，周围环绕着一圈可剥离的非基本商品"（Blaug, 1997, p.136）。因此，根据利润率或工资率是否为外源性提供，就可以找到两个相对价格和一个变量（利润率或工资率）。这是因为它们只取决于生产"标准商品"所涉及的生产技术条件。正因如此，标准商品代表着不变的价值衡量标准。

斯拉法试图展示转化问题在马克思的分析中是如何成为"复杂的迂回"的,并且涉及联合生产技术、单一产品活动、固定和流动资本、生产商品投入的使用、土地等非生产投入的使用,以及替代性生产过程的存在。在每一个案例中,斯拉法都说明了如何从有关生产条件和收入分配的信息中直接得出均衡价格:

$$a_{11}+a_{12}+\cdots+a_{1n}+l_1 \rightarrow b_{11}+b_{12}+\cdots+b_{1n}$$
$$a_{21}+a_{22}+\cdots+a_{2n}+l_2 \rightarrow b_{21}+b_{22}+\cdots+b_{2n}$$
$$a_{n1}+a_{n2}+\cdots+a_{nn}+l_n \rightarrow b_{n1}+b_{n2}+\cdots+b_{nn} \quad 9.3^6$$

这里:

a_{ij} 表示过程 i 中的商品 j 的投入;

b_{ij} 代表相应的产出;

l_i 代表所用的直接劳动的数量。

因此,该系统包含联合生产,因为每个过程可以有多个产出。它还允许使用固定资本项目;一些 a_{ij} 可能表示各种类型和使用年限的机器,这种情况下,它们也将由箭头右侧相应的 b_{ij} 所表示。因此,这表明这一过程将它们复制为机器,而这些机器在前一阶段就已使用了。换句话说,耐用的资本货物被视为一组不同的商品,因报废阶段而不同。所以在生产期结束时保留的旧商品被视为该生产过程的副产品。有些 a_{ij} 和 b_{ij} 可能是零,因为有的生产过程并不一定使用全部的投入,并产生每个产出。有些可能是单一产品的生产过程,其中只有一个 b_{ij} 不是零。然而,根据斯拉法的假设,辅之以收入分配信息,即工资水平或利润率的话,就可以直接从生产条件推导出价格。

在价格方面:

$$(a_{11}p_1+\cdots+a_{1n}p_n)(1+r)+l_1w=b_{11}p_1+\cdots+b_{1n}p_n$$
$$(a_{21}p_1+\cdots+a_{2n}p_n)(1+r)+l_2w=b_{21}p_1+\cdots+b_{2n}p_n$$

$$(a_{n1}p_1+\cdots+a_{nn}p_n)(1+r)+l_nw=b_{n1}p_1+\cdots+b_{nn}p_n \qquad 9.4$$

这里：

p_i 表示均衡价格；

w 表示工资；

r 表示利润率。

这包含了斯拉法处理工资的惯常做法，即在生产过程结束时才支付工资。因此，"工资基金"就不是产生利润的那部分资本。如果把工资或利润率都看成是外生的，就可以确定所有的商品价格和其他可分配变量的价值（无论是利润率还是工资）。只要留意一下，就可以直观地看出这里存在 n 个生产过程和 n+1 个内生变量。所以，既然可以把 1 个 p 作为价格计量单位（将其数值统一设定）就可以将其消掉，我们就有足够的信息来算出其他所有的价格以及其他的分配幅度。因此，劳动价值是导出的数量，它的决定因素与价格的决定因素完全相同。马克思自己的研究就从劳动价值转到了生产价格。

在价值方面：

$$a_{11}l_1+\cdots+a_{1n}l_n+l_1=b_{11}l_1+\cdots+b_{1n}l_n$$
$$a_{21}l_1+\cdots+a_{2n}l_n+l_2=b_{21}l_1+\cdots+b_{2n}l_n$$
$$a_{n1}l_1+\cdots+a_{nn}l_n+l_n=b_{n1}l_1+\cdots+b_{nn}l_n \qquad 9.5$$

这里，劳动价值（l_i）只能通过 9.3 中含的投入产出关系确定。因此，根据斯拉法的说法，马克思的研究路径是有迂回的，从数量价值理论来看，这个迂回是多余的。马克思的流程是从生产条件行进到收入分配，通过迂回进入劳动价值和剩余价值，进入生产和利润价格。斯拉法的路线更直接，避开了价值和剩余价值的计算，但殊途同归：

马克思： 生产条件　　价值
　　　　　实际工资 → 剩余价值 → 变换算法 → 生产价格

斯拉法： 生产条件
　　　　　实际工资 → 生产价格

因此，斯拉法解决转化问题的方法是，回避这个问题，转而关注通过生产条件和收入分配数据中得出的商品价格和利润率等更为根本的问题。马克思一直将生产出来的商品的劳动价值视为正值，但斯拉法的分析说明也存在负值。这一情况具有戏剧性的结果：无法确定劳动价值，或者说劳动价值可能是零，使得马克思的转化无法进行。在这种情况下，马克思的生产价格路线可能就不存在。此外，斯拉法认为劳动价值可能是负的。这有损马克思主义的基本定理，因为该定理指出，正利润意味着正的剩余价值，而正剩余价值也意味着正利润。然而，事实上，斯拉法表明，利润率为正数时，剥削率可能是零或负数，而与正利润共存的也可能是零剩余价值或负剩余价值。这些结果都是和人的直觉相悖的。如果在所有的生产过程中都使用直接劳动，那么产出怎么会无法很好地确定劳动价值呢？这些价值又怎么可能不是正值呢？

从整体上看，斯拉法的《用商品生产商品》与马克思主义政治经济学之间的关系是模糊不清的。价值理论被证明只对特殊情况有效，而马克思自己对其剥削理论的阐述并不具有普遍性。虽然，斯拉法的处理并不全面，但实际上，可以用来"补救"马克思剥削理论的某一方面。此外，有斯拉法派学者认为，既然斯拉法的范式处在马克思的经济学的"过剩传统"之内，斯拉法的研究实际上推动了马克思主义经济学，因为马克思自己的过剩经济学特定形式存在缺陷。总体而言，量化的劳动价值理论基本上毫发无损。尽管斯拉法的书叫做《用商品生产商品》，但生产在本质上是人参与的过程。

在交换现象的背后,可以看到社会分工。由于生产者以商品交换为媒介相互联系起来,同时生产者也彼此疏远,由此产生的商品拜物教扭曲了生产者对社会现实的感知。这就是劳动在政治经济中占据特殊地位的原因。

但是,斯拉法强调了两个重要的问题。首先,马克思在《资本论》第三卷中论证了转化问题是可以解决的,利润总和等于总剩余价值,由此,生产价格领域普遍存在的统一利润率就是由剩余价值与不变资本加上可变资本的比率预先确定的。斯拉法认为,总的说来这种认识是错误的,只有在特定的假设下才有效。一旦将联合生产、固定资本和替代过程考虑进去,它几乎总是错误的。其次,马克思在《资本论》第三卷中还提到,价格和利润只能来自劳动价值,因而劳动价值具有逻辑优先性。斯拉法表示,这也是错误的,因此"复杂的迂回"是不必要的。

然而,可以认为劳动价值论对于剥削理论来说并不是必需的。正如马克思本人解释的那样,利润之所以产生,是因为资产阶级垄断了经济体中能够产生剩余价值的生产资料。阶级垄断就是指资本家具有不让别人染指资本家所拥有的生产资料的能力。如果无法得到生产资料,大多数人口就无法生存,因此资本家可以有效占有生产出的产品。一般来说,利润可以用剩余劳动的数量表示,但这只是一种可能的衡量尺度,因此对于剥削理论来说并不是必不可少的。自那以后,讨论的焦点一直是如何挽救马克思的价值理论。但斯拉法派认为,指出马克思原有表达中的缺陷,并说明这些缺陷与支撑马克思价值理论的更普遍的方法无关,实际上使得马克思主义政治经济学得到了加强。

斯拉法派实质上使用的是均衡的方法,我们可能不同意这一派的一般性结论,而马克思认为需要从历史,而不是均衡的角度来思考问题,所以马克思是对的。在斯拉法派的架构中,假设存在一般均衡价格和一般均衡利润率。如果想要表明变量（视为给定的）、利润率和工资是如何形成的，并由此显示变量在经济体系中的意义，那么它就是不合逻辑的。

第二部分

历史与现实意义

10
垄断资本主义

简介

  垄断资本主义是指资本主义发展的一个阶段，在这个阶段里，资本的积累和集中使得在重要的经济部门中出现寡头垄断。虽然垄断资本主义理论是其他理论家提出的，但将这一兴起于19世纪末、20世纪后半叶发展成熟的资本主义阶段称为垄断资本主义的却是马克思主义经济学家。马克思认为，在一个体系中，如果商品都是由大量企业组成的产业所生产的，而所有这些企业都对市场力量引发的价格和利润信号作出反应，这样的体系生来就是不稳定的，缺乏持久性。然而，在资本主义生产方式下，竞争迫使企业削减成本并扩大生产，需要永久积累并引入新的技术和组织方法。马克思解释如下：

> 积累和与之伴随的集中不仅出现在许多点上，而且运营资本的增长都受到新资本形成和旧资本细分的阻挠。因此，积累一方面表现为生产资料的日益集中和对劳动支配权的日益增强，另一方面表现为对众多资本个体间的相互排斥。
> （Marx, 1976, pp.776-777）

垄断资本主义理论

马克思知道，资本主义生产方式存在内生性压力，会推动资本主义远离自由竞争。从而：

> 竞争之战是通过商品降价来进行的。在其他所有条件不变的情况下，商品的降价程度取决于劳动生产率，而劳动生产率又取决于生产规模。因此，大资本击败了小资本……随着资本主义生产方式的发展，在正常条件下开展业务所需的最低个人资本金量有所提高。因此，较小的资本涌入了大规模企业仅零散或不完全占领的领域。在这里，竞争的激烈程度与竞争资本家的数量成正比，与竞争资本家的规模成反比，他们的一部分资本落入了胜利者手中，一部分完全消失了。
>
> （Marx, 1976, p.777）

然而，尽管如此，对于究竟是什么使一种状态区别于另一种状态，以及这种周期化的展开的依据是什么，存在各种各样的解释。这个领域的先行者是鲁道夫·希法亭（Rudolf Hilferding），他于1910年出版了《金融资本》（*Daz Finanzkapital*）一书。试图通过资本主义积累的过程，将资本和企业财务的集中融入到马克思的理论结构中。希法亭发现垄断条件下的价格是不确定的，因此也是不稳定的。从本质上讲，他的主张是，只要集中使得资本家能获得高于平均水平的利润，资本家的客户和供应商也不得不联合起来，以便让自己在增加的利润里分一杯羹。对希法亭来说，这意味着，垄断会"从各个原点向四面八方扩散"，因此对卡特尔化没有设置上限，事实上，人们会发现卡特尔化有持续蔓延的趋势，直到最终形成一个"总卡特尔"。这个总卡特尔将是有意识控制的社会，处于"对抗形式"中（Sweezy,1990,p.298）。然而，20世纪资本主义的历史，虽然表现出强烈的集中倾向，但也包含着相反的势头，从而阻止了总卡特尔的形成。随着新技术和新产品取代过时的技术和商品，新公司建立，现有公司解体，就体现了这种相反的势头。这本身就是资本主义竞争过程中的动力机制造成的，但随着资本主义体系的成熟，即便是这些新产品的生产也往往通过并购和收购越来越集中在少数公司手中。[1]

列宁于1916年出版的《帝国主义是资本主义的最高阶段》，在许多方面都近乎严格地遵循了希法亭论证的逻辑，即竞争以规模经济和先进的技术为基础转形为垄断，但产业资本沦为金融资本的猎物。因此，列宁概述了这一时期资本主义发展中显而易见的几个倾向：生产和资本的集中产生了在经济生活中起决定性作用的垄断，金融资本与产业资本的合并使得银行在经济决策中发挥越来越重要的引领作用，资本输出变得愈发重要，国际资本主义垄断形成，以及资本主义强国瓜分世界（Brewer,1980,p.109）。对列宁来说，资本主义最重要的趋势是金融资本的支配地位，他特别指出一个由食利者组成的阶级出现了，这个阶级拥有货币资本，但在生产中没有发挥任何作用。[2] 列宁提出，随着竞争的逐渐消解，创新压力的下降，将会出现衰败和停滞的趋势。因此，对列宁而言，资本输出的趋势会瓜分世界，使得资本主义生产关系扩展到全球范围，而权力有越来越集中在金融资本集团手中的趋势，使得形成一个寄生的食利阶层。

巴兰和斯威齐（1966）在书中尝试从政治、意识形态和文化上层建筑的角度解释垄断资本主义下存在的机制。因此，二人将后来的发展，如福利国家的出现，视为克服垄断资本主义矛盾的努力。特别是，为克服需求不足而增加的国家开支，并不是为了使工人阶级受益，而是要消解垄断资本主义出现给资产阶级所带来的压力

（Baran and Sweezy，1966）。这部著作试图将卡莱斯基（1939）和斯坦德尔（Steindl）（1952）的理论结合起来。卡莱斯基是在不完全竞争的框架下提出宏观经济有效需求不足这一主张的，而斯坦德尔是在发达工业资本主义经济体长期停滞的背景下提出的。因此，巴兰和斯威齐能够制定出一种方法，表明潜在的经济剩余有增加的趋势，同时也存在吸收剩余的问题。随着生产率的增长使得生产成本相对于价格下降，潜在的剩余增加，但这种潜力未能充分实现，因为过剩的生产能力没有通过价格竞争消除，使得投资支出停滞不前。因此，由于投资刺激减弱，垄断条件导致有效需求不足，而利润份额得以维持，消费增长也因此受到限制。其他学者，例如考林（Cowling）（1982）也提出了这个问题，他认为垄断资本主义是一种状态，不依赖于选举政治、跨国公司的增长或福利国家的存在。考林首先阐述了卡莱斯基的垄断程度理论，然后将该理论与产业组织和管理主义理论的发展联系起来。考林还认为，大规模国际化对涨价的影响取决于公司运营的国内外市场间竞争的显著不对称性。因此，倘若国内市场存在保护措施，公司预计海外降价比不降价会带来更大的利益，所以，提高生产的国际化程度会给工资带来更大的下行压力，进而抑制总需求。

不过，这类方法因其分析不够展开而受到批评（Fine and Murfin，1984）。法因和穆芬（Murfin）认为垄断资本主义模式依赖于需求与供给之间的相互作用，因此很难将经验效应归因于这些因素。二人批评考林没有尝试用这些术语进行经验估计，同时考林的理论中也漏掉了生产，认为剥削是在市场上发生的，因为工人为消费品支付了垄断价格。然而，对马克思来说，剥削发生在生产过程中，因为工人被迫工作的时间超过了生产工资产品所需的时间。因此，垄断资本主义的中心主题就包含在剩余价值的产生和吸收中，剩余价值本身就是生产过程的结果。

资本主义的日益集中

显而易见，集中，也就是公司规模的绝对增长，在20世纪显著增强，而且在地区性、国内和国际层面上的发展都是非常可观的。这源于积累所致的公司内部增长。索耶（Sawyer）展示了马克思如何明确区分资本集中和资本积聚的。资本集中是指两家或多家公司通过合并，或通过一家公司收购另一家公司而组成新公司的过程（Sawyer, 1989, p.151）。综合来看，结果是导致特定行业的垄断程度日益提高，竞争随之减弱，但产生这一现象的机制是竞争过程本身。竞争过程有多个因素导致垄断资本主义，这些因素是由所引发的技术变革产生的。由于引入新技术而产生了规模经济，迫使企业进行投资以降低成本，企业努力引入更多、更新的资产设备和生产技术以进一步降低成本，从而使得实现积累。所有企业都试图以这种方式发展，一些企业成功地提高了效率和盈利能力，而另一些企业则走向失败和衰落，由此引发冲突。其结果是，随着企业在竞争压力下不复存在，以及集中度的提高，从而朝着垄断结构的方向发展。公司的扩张也是寻求新的投资领域和新市场的结果，从而扩大了资本主义的生产领域。因为短期内可以得到的新市场是有限的，与扩张的迫切性相伴的是企业之间不可避免的冲突。但从长远来看，随着企业的持续扩张，同时产生了更大的资本集中和资本积聚，这意味着，不仅在国民经济中出现了资本集中和资本积聚，而且在资本主义生产方式中也出现了持续的地理性扩张。

1905年，英国最大的100家制造企业的产出仅占总产出的15%。虽然在其他主要经济体中制造业的集中度当时是低于英国或美国的，但日本的确出现了财阀形式的大公司，德国出现了卡特尔形式的大公司（Alford, 1996, p.217）。1930年，英国最大的100家制造公司的份额占到了20%，这一水平一直保持到了1953年。然而，到1970

年，这一比例上升到41%（Millward，转引自 Floud and McCloskey，1994b,p.157）。到第二次世界大战结束时，北美大型公司通常都下辖多个部分，虽然这种结构在英国还相对比较少见，但英国的制造业仍然是世界上集中度最高的（Alford,1996,pp.217-218）。最后，对于用就业来衡量的积聚程度，1935年，制造业前三大企业平均占到就业的26.3%，1951年为26.3%，1958年为32.4%，1968年增至41%（Millward，转引自 Floud and McCloskey,1994b,p.157）。该领域的多数评论人士认为，工业集聚程度的提高是由并购和收购活动引起的，而不仅仅借助工厂规模的扩大。[3]

历史上的并购和收购

美国的第一次兼并浪潮始于1897年，一直持续到1904年，主要包括钢铁行业（美国钢铁公司）、烟草业（美国烟草公司）、化学工业（杜邦公司）、农业机械制造业（国际收割机公司）中的横向合并，使之走向垄断或接近垄断。有人认为，通过改善基础设施形成的国内市场导致竞争加剧，使得企业向地区以外的市场扩张。这波浪潮主要由投资银行家提供融资，银行家们对收购的态度越来越激进，到了1904年出现经济衰退时才中止。第二次浪潮始于1916年，当时投资银行家再次在为交易提供融资方面发挥了突出作用，其中仍然是横向合并为主，其中大约30%是垂直合并。第二次浪潮以大萧条的开始而告终，1929年10月股市崩盘，随后并购和合并的数量一直保持在相对较低的水平，据认为这一水平持续到20世纪60年代中期的集团企业时代开始。

第三次浪潮始于1965年，一直持续到1969年的股市低迷，1965年出台了《垄断和合并法案》（*Monopolies and Mergers Act*），该法案要求，倘若合并相关的企业占据市场份额的1/3以上，或者资产达到

1000亿英镑，或者涉及的一方的资产达到500万英镑以上，则贸易委员会需将案件提交给垄断与兼并委员会。在1965年至1973年期间，贸易委员会审议了875件合并案，但其中只有18件提交给了垄断委员会，被禁止的只有6起（Millward，转引自 Floud and McCloskey, 1994b, p.158）。第四次浪潮始于1984年，尽管合并数量增加率仅为0.39%，但交易的价值增长到了67%。此浪潮当时出现了一些特征，包括使用杠杆收购、使用激进的收购策略，以及使用垃圾债券融资。于是，这是可被定性为大规模敌意收购战的第一次浪潮（Gaughan, 1994, p.3）。

在英国，目标公司的性质在20世纪80年代似乎有所改变，因为大型公司在20世纪60年代和70年代因其规模得到了保护，没有受到收购的威胁，所以很容易成为使用杠杆收购的小公司的竞标对象。仅在1986年，就有695家英国公司变更了所有权（比1985年高出50%），1973年至1986年间，有2184家英国公司被收购（Gray and McDermott, 1989, pp.4-5）。联合国贸发会议称，20世纪80年代期间，并购规模增加，导致自由化和放松管制成为普遍趋势。事实上，据估计，美国企业参与的交易总额超过1.3万亿美元，充分说明了并购热潮的程度。在英国，1985年至1988年的总数为570亿欧元，在日本，1991年向公平贸易委员会提交了3330项兼并和业务转让申请（1989年增加了900多个）（UNCTAD, 1993, p.12）。据说，20世纪80年代这波并购浪潮的显著特征是价值巨大、跨境并购及横向并购为主，这在几乎所有行业都很明显（此处同前）。

格雷（Gray）和麦克德莫特（McDermott）认为，大规模并购背后的主要动机是全球化和成为行业巨头的冲动，而这是因为参与全球行业竞争的公司对于通过规模经济获益心知肚明（Gray and McDermott, 1989, p.5）。既然如此，收购已经取得成功的公司就显得格外诱人，因为好处马上就能显现出来，而且，由于竞争过程的性质，一旦出现重大并购，其他资本家也会竞相效仿以保持竞争地位，不一定是自己的选择，而是竞争使得势在必行。并购国际化就其本身而言是基于同样的要求，从而得出这样一个命题：全球化是资本主义生产方式所产生的趋势的延续，需要不断扩展市场。

表10.1　1995年世界顶级跨国公司

公司名	国别	销售额（10亿美元）	总就业人数（人）	国外就业占比（%）
伊藤忠商事株式会社	日本	186.6	9994	27（24）*
通用汽车	美国	163.9	745000	34
三井物产	日本	163.3	11378	32（41）*
住友商事株式会社	日本	152.5	11200	不适用（38）*
丸红	日本	144.9	9533	24
福特汽车公司	美国	137.1	346990	30
三菱商事株式会社	日本	124.9	9241	42（41）*
埃克森公司	美国	121.8	82000	54
丰田汽车株式会社	日本	111.7	146885	23
皇家壳牌	英国/荷兰	109.9	104000	78
日立株式会社	日本	94.7	331673	24
日商岩井株式会社	日本	89.1	6684	31（33）*
美孚公司	美国	73.4	50400	52
戴姆勒-奔驰	德国	72.1	310993	22
IBM	美国	71.9	225347	50
通用电气公司	美国	70.0	222000	32
菲利普·莫里斯公司	美国	66.1	151000	58
松下电器	日本	64.1	265538	40
西门子公司	德国	62.0	373000	43
大众汽车公司	德国	61.5	257000	44
英国石油	英国	57.0	58150	71

续表

公司名	国别	销售额（10亿美元）	总就业人数（人）	国外就业占比（%）
日产汽车株式会社	日本	56.3	139856	43
克莱斯勒公司	美国	53.2	126000	20
美国电话电报公司	美国	51.4	300000	18
联合利华	英国/荷兰	46.7	307000	90

*日本企业的就业数据有误导性。括号中的数字与国外销售在总销售额中的份额有关。
来源：Kozul-Wright and Rowthorn (1998), p.79。

20世纪90年代末，并购活动的规模再次达到顶峰，金融媒体每天都在报道敌意收购和友好收购。既有国内并购，也有国际并购，涉及工业、金融和商业。因此，20世纪的并购活动已经越来越成为一种全球性现象，从某种意义上说，合并是跨境性质的，与跨国公司的崛起有关。表10.1以世界上的顶级跨国公司的运营所涉及的国外就业水平来说明这现象。

全球化

故而，资本主义历史的特点之一是商品、服务和劳动力市场不断从局部扩展到全国，进一步扩展到全球。这不仅适用于以货币为交换媒介的商品和服务，也适用于货币本身——货币本身已成为一种商品，并在全球货币市场上进行交易。这一领域的许多研究者在考察全球化现象时，对这一现象要么视而不见，要么不予理睬，特别是那些试图驳斥全球化存在的作者（参见 Hurst and Thompson, 1996；Kleinknecht and Wengel, 1998）。吉登斯（Giddens）认为，国际货币交易上交易的金额每天超过1万亿美元，自1970年以来，"世界范围内，机构管理的资金增加了1100%"（Giddens, 1998, p.30）。

基于过去30年货币商品交易的巨额增幅，吉登斯认为全球化确实存在，而且是一个全新的现象，就20世纪最后25年而言，不是过去趋势的延续（同上）。然而，吉登斯过分强调金融市场在全球化进程中所发挥的单一作用，因此往往不太关注贸易的作用和资本主义企业的跨国性质。就某个特定时间点出现的扩展程度而言，市场扩展得大一点还是小一点都是资本主义生产关系的结果，这不是一个特别难以证明的命题。事实上，这一体系的倡导者认为，它之所以能够不断扩大交换领域，造福所有人，正是该体系所谓的优势之一。人们认为，应该通过规模经济使得价格下降，通过自由贸易中的专业化和比较优势来提高效率。

有人可能会说，向全球化的转变始于19世纪，当时英国和欧洲大国开始向海外扩张，这一时期既有贸易扩张，也有海外投资，为的是为资本寻求最高的回报率。在20世纪，由于企业寻求规模经济和新的市场，发展成了跨国扩张，尽管其间有时候贸易集团一家独大，但在过去一个世纪的大部分时间里，都是多边贸易和资本国际流动。这一过程的起源可以追溯到18世纪至工业时代转型之初。国内市场的生产迅速扩大，涉及出口生产，随着国际市场的增长，资本主义企业必须确定是继续扩大其国内业务，还是将生产扩展到市场所在地。竞争过程确保对资本主义企业持续施加压力，使其扩张规模，扩大生产以保持领先的竞争地位。

人们将1870年至1913年称为世界一体化的"黄金时代"，实际上，这也是经济快速发展的典范时期（Kozul-Wright, in Michie and Grieve-Smith, 1995, p.139）。这一时期，监管体系是开放的，资本可以畅通无阻地流动到人们认为存在最高回报率且利润可以不受限制地转移的地方。英国借由参与自由贸易，在金融和商业市场提供专业知识，从而得以发挥领导作用。在这种环境下，出口增长的速度前所未有，外国投资超过了贸易和产出的总和。[4]殖民治理结构又增强了世界一体化的收益,而这又使得资本输出,进而使得大宗商品进口国从中获益。技术的传播不仅和人员以及商品的流动有关,而且与思想密切相关。19世纪下半叶,运输和通信方面的创新极大地提高了流动性,特别是国际金融的扩展促进了经济体之间的劳动力、商品和资本流动。如表10.2所示,欧洲经济体主导了世界贸易,延续至第一次世界大战。因此,由此产生的经济资源流动成为新工业技术传播的重要渠道。采用这种技术是为了扩大市场,而市场扩张本身就是对外贸易的产物。

表10.2 1876—1913年间世界贸易分布(%)

区域	1876—1880年			1913年		
	出口	进口	贸易总额	出口	进口	贸易总额
欧洲	64.2	69.6	66.9	58.9	65.1	62
北美	11.7	7.4	9.5	14.8	11.5	13.2
拉丁美洲	6.2	4.6	5.4	8.3	7	7.6
亚洲	12.4	13.4	12.9	11.8	10.4	11.1
非洲	2.2	1.5	1.9	3.7	3.6	3.7
大洋洲	3.3	3.5	3.4	2.5	2.4	2.4
全世界	100.0	100.0	100.0	100.0	100.0	100.0

来源:Kenwood and Lougheed(1992),p.81。

国外投资的增长始于拿破仑战争[①]末期,与之相伴的是借贷经济体中都建立并发展了专门的金融机构。其中包括从事外汇业务的商业银行和投资公司,两者都极大地降低了外国投资风险和难度。用于对外借贷扩张的资金来自愿意并能够进行海外投资的中产阶级的储蓄积累。此外,由于使用了更为先进的金融工具,比如,汇票和

[①] 指1799—1815年法国在拿破仑一世率领下与英国、普鲁士、俄国、奥地利之间进行的一系列战争。——译者注

信用货币，伦敦金融城也更加多元化，促进了外国投资和国际贸易的扩张。从拿破仑战争结束到19世纪50年代中期，仅英国就在海外投资了4.2亿英镑，到1870年，外国投资的总值增加了两倍。1870年之后，国际借贷迈进了一个伟大的时代，到1900年，外国投资总额达到47.5亿英镑，到1914年迅速攀升到95亿英镑（Kenwood and Lougheed,1992,p.26）。

两次世界大战之间，国际贸易扩张时断时续，尽管对外贸易的规模持续增长，但增长速度却大幅放缓。这在很大程度上是由于美国对发达资本主义世界进入衰退阶段的反应以及美国所采取的立场，即通过1931年《斯姆特-霍利法案》（*Smoot-Hawley Act*）来大幅提高关税，即以为一国的贸易顺差让全世界做出牺牲，使得世界贸易急转直下。于是，世界进入了保护主义时期，其严重程度是工业化国家此前从未经历过的。初级产品价格崩溃，债务国违约，英国对整个大英帝国采取贬值和关税保护，引发了连锁反应，导致深远的影响（Tylecote,1993,pp.240-241）。

表10.3　1830—1914年间英国对外投资地区分布(%)

		1830年	1854年	1870年	1914年
欧洲		66	55	25	5
美国		9	25	27	21
拉丁美洲		23	15	11	18
大英帝国	印度			22	9
	自治领	2	5	12	37
其他地区				3	9
总计百分比		100	100	100	100
投资总额（百万英镑）		110	260	770	4107
投资总额（百万美元）		536	1266	3750	20000

来源：Kenwood and Lougheed（1992），p.30。

许多评论家认为，1944年达成的布雷顿森林（Brent Woods）协议是现代时期形成的一个重要基准，据说这一协议开启了一个"资本主义的黄金时代"，这个时代的特点是在发达资本主义经济体中实现了快速的经济增长和高水平的就业。国际货币体系保持稳定，通过专业化和出口拉动型增长机制，帮助贸易和产出均实现了快速增长。从1950年到1990年，世界产出增长速度超过以往任何时期，年均增长率为3.9%。在同一时期，世界贸易以平均每年5.8%的速度增长，这也是以前所未有的速度。1973年，布雷顿森林体系崩溃，开启了一段不稳定时期，但同时也延续了进一步提高国际专业化程度的趋势。这时也恰逢跨国公司不断崛起，邓宁把这段时期描述为从"黄金时代"到"全球化时代"的过渡期（Dunning，1994）。

关于20世纪末期的这种发展，出现了两种观点。首先，有一种观点认为，跨国公司的利益也符合国内经济体的利益，因为它们在全球范围内有效配置了资源，使民族国家在世界经济中被边缘化。[5]另一种观点认为，资本主义企业试图通过竞争将竞争扩展到国际层面，以寻求市场领导地位。[6]吉登斯认为，那种认为出现了全球化，所以民族国家和政府过时了的看法是不正确的，但民族国家和政府的"形式正在发生改变"（Giddens，1998，p.31）。吉登斯这句话的真正含义模棱两可，只有一点除外，那就是在马克思主义看来，政府正为了资本的利益而调整自己的角色，现在是全球性的，因此迫使各国政府展开国际合作。[7]我们必须要小心谨慎，不要把政府当作一个单一的实体来分析，不要认为对全球化的反应本身将是全球性的、同质化的。根据经济的发展状况和经济历史情况，各国政府的反应千差万别，因此过度夸大政府在过去的力量会使得人们得出这样的结论：跨国公司的崛起所产生的影响比事实上大得多。现实情况要复杂得多，因为在资本主义生产关系结构内运作的所有国家都必须确保监管框架要利于资本积累；这可能涉及国家在经济和政治领域开展更大的合作，事实上，各国在这些层面上进行更大程度的一体化时，跨国资本主义能够得以蓬勃发展。曼恩（Mann）认为，全球互动网络正在借助三个要素得以加强。第一，资本主义的技术和社会关系创造了一个更加全球化的跨国关系。第二，民族国家的地位不同，导致全球网络的割裂。第三，这种割裂往往受到全球政治和经济关系的影响（Mann,1997,p.495）。在布雷顿森林机构、国际货币基金组织（IMF）和世界银行（World Bank）以及世界贸易组织（WTO）所采取的政策中，都能找到这方面的例子。战后国际生产关系发生变化，这些机构的政策也随之发生了变化，基本上从帮助饱受战争蹂躏的欧洲和日本重建资本主义生产关系，转变为提供使资本积累能够蓬勃发展的自由市场性竞争环境。

总结

被称为垄断资本主义的发展阶段是资本主义生产关系动态发展的结果，因此，从地区过渡到国家再到国际市场是资本主义制度所固有的竞争动力。所以，最好在这样的分析中理解商业和工业方面的市场全球化。资本家对积累的渴望不仅产生了技术创新，也需要扩大剥削以避免在狭窄的国内市场中出现实现危机。然而，竞争迫使企业进行越来越大规模的并购，确保了在竞争中存活下来的资本家越来越少。资产阶级的产品需要不断扩大的市场，这使得资产阶级在全球范围内无所不在。它必须遍布各地，到处落脚，在各处建立联系（Marx and Engels,1985,p.83）。

11 失业

简介

用马克思的话来说，失业给资本主义提供了劳动后备军，对资本主义制度的运作至关重要。失业是由资本主义制度本身创造的，同时也是资本主义制度必要的帮手。马克思解释如下：

> ……在所有的领域中，资本的可变部分增加，所雇佣的工人数量随之增大，总是与剧烈的波动和暂时出现过剩人口有关。……由于已经在发挥作用的社会资本的规模和增长的幅度，生产规模的扩大，以及大量工人的流动，工人劳动生产率提高，以及全部财富来源所产生的流动广度和丰度，由此规模扩大了，在此基础上，资本对工人的吸引力增强了，但也伴随着工人更大的排斥；资本的有机构成及其技术形式发生变化的速度越来越快，越来越多的生产领域参与到这种变化中，有时是同时的，有时是交替进行的。由此，劳动人口既产生了资本的积累，也产生了使劳动人口本身相对多余的手段；循环往复，劳动人口不断增加。
>
> （Marx, 1976, pp.782–783）

因此，技术进步本身就是资本主义动力的产物，技术进步取代了部分工人以及他们的技能，从而确保资本家不太需要这部分工人，而且确保增加了劳动后备军。从薪酬上对就业工人施加了压力，从而削弱了工人在议价过程中的权力，进而使得工人们更加害怕失业。然而，各流派的经济学家强调各自的失业原因和后果。所以，要全面理解马克思主义语境下看待这一现象的独特方式，探索一些其他的解释就尤为重要。首先是要区分凯恩斯主义和经典失业理论；其次是滞后理论，该理论整合了非加速通货膨胀失业率（NAIRU）的概念。这些理论是最常探讨的失业理论。而我们的目的是突出这些方法的不足之处，然后，从实证的角度，对作为资本主义生产关系组成部分的劳动后备军进行分析，从而获得真知灼见，这是重点所在。

古典经济学的失业理论

对于古典经济学家来说，如果实际工资率（W_1）超过市场结算实际工资率（见图 11.1），就会出现普遍性失业。按实际工资标准 W_1，雇主才会愿意并有能力聘用 L_1 名工人，但如果实际工资率是 W_2，则能够聘用 L_2 名工人。

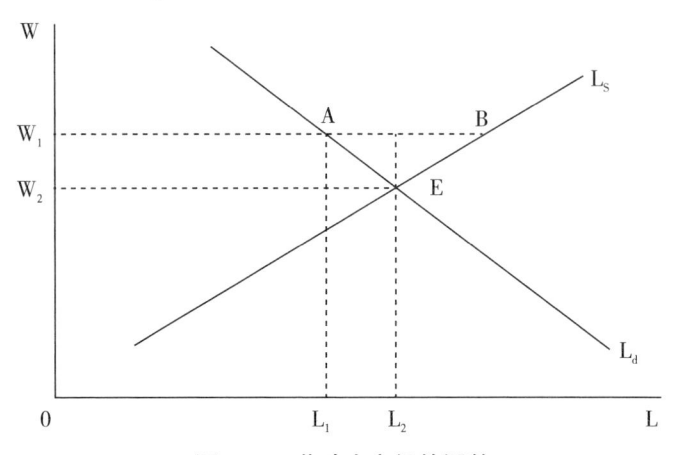

图 11.1　劳动力市场的调整

因此，在这里，失业的原因是实际工资过高。庇古（Pigou）认为，在竞争性经济中，失业者将与就业者竞争以获得就业，失业者能够获得的唯一选择是以低于已就业工人的货币工资率提供劳动力。因此，货币工资水平的普遍下降将导致实际工资下降，使得雇主雇佣更多的工人（Trevithick，1992，p.183）。因此，传统意义上，失业是由于劳动力市场无法在E点兑现造成的。造成这种不均衡（产生高于均衡的实际工资）的原因，据说是工会势力过大，不允许下调货币工资以及实际工资。庇古认为，工人过于计较货币工资，而不是实际工资，从而使得工人反对降低货币工资，即使在价格下跌和实际工资实际上升的情况下也是如此。因此，随后的政策规定是允许劳动力市场自由运作，不受阻碍，必须允许实际工资降至均衡水平。那么，如果存在失业，那就是因为就业人员要求并且领取的工资太高，而市场无法兑现。

表11.1 1920—1938年的失业率

年份（年）	失业率（%）
1920	3.9[a]
1921	16.9
1922	14.3
1923	11.7
1924	10.3
1925	11.3
1926	12.5
1927	7.4[b]
1928	8.2
1929	8.0
1930	12.3
1931	16.4

续表

年份（年）	失业率（%）
1932	17.0
1933	15.4
1934	12.9
1935	12.0
1936	10.2
1937	8.5
1938	10.1

（a）1920—1926——有失业保险的劳动力的失业百分比。
（b）1927—1938——总就业人口的失业总占比。
来源：Garside(1990),Tables 1 and 2,pp.4–5。

表11.2 1874—1973年七个工业化国家的平均失业率(%)

（平民劳动力的百分比）

	1914年前	1925—1929年	1930—1937年	1952—1964年	1965—1973年
英国	4.7	8.4	13.9	2.5	3.2
美国	4.2	3.5	18.3	5.0	4.5
瑞典	无	11.2	16.4	1.7	2.0
法国	—	—	—	1.7	2.4
德国	3.6	11.1	24.1	2.7	0.8
意大利	—	—	—	5.9	3.4
日本	—	—	5	1.9	1.3

来源：Matthews,Feinstein and Odling-Smee(1982),Table 3.23,p.94。

这是20世纪20年代普遍存在的失业论观点，大多数政治家和诸多经济学家认为，工资伸缩性（也就是降低工资）将有助于出口。古典经济学家认为，劳动力成本高是导致价格高企，进而失去市场的主要因素。如果不降低工资，失业率将保持在高位。据报道，1925年7月，英国首相鲍德温（Baldwin）表示："全英国的工人都必须降低工资,以帮助工业站稳脚跟"(Constantine,1994,p.63)。如表11.1和表11.2所示,20世纪20年代英国记录的失业率在10%左右波动,高于欧洲其他地区(Floud and McCloskey,1994,p.304)。恰逢此时,价格也在下跌,显然证明古典经济学家提出的案例是正确的。然而,凯恩斯特别指出了庇古论点中的两个主要缺点。首先,庇古认为货币工资降低会增加货物需求。然而,组合方式中的谬误表明,一家公司的工资降低了,这家公司是可以销售更多的产出,并不一定表明整个经济就是这种情况。实际上,凯恩斯认为,这样做的结果是既降低了消费需求,又不会刺激弥补消费需求降低所要求的投资增加。将收入从工人再分配给资本家,也会降低有效需求,因为资本家在消费上的支出比例往往低于工人。这些效应集中在一起,将导致失业率上升,这与古典经济学家希望达到的效果正好相反。因此,削减货币工资,将导致失业率上升,因为有效需求减少了,使得货币工资进一步下降。其次,他建议即使个别工人或个别工人群体希望减少实际工资,也不能这样做。这是因为,即便经典理论本身也认为,价格至少在一定程度上取决于工资。因此,如果所有工人都认可降低工资,那么所有的价格会下降,实际工资不会下降。乔安·罗宾逊将这一论点总结为:

> 凯恩斯革命(Keynesian revolution)开始于驳斥当时的正统理论,即削减工资是减少失业的最佳方式。凯恩斯认为,普遍性削减工资会或多或少地按比例降低价格水平,从而增加债务负担,阻碍投资,并推高失业率。
>
> (Robinson,1980,p.34)

凯恩斯主义失业理论

如图11.2所示,在凯恩斯主义关于失业原因的解释中,必须将目光转向总需求不足,而不是错误的实际工资水平。因此,罪魁祸首一定是政府,因为政府有权通过宏观经济工具提高总需求。所以,这里的论点是,政府可以操纵总需求水平,从而确保经济中稳定的高就业水平。因此,实际工资处于市场兑付水平时,是可以观察凯恩斯主义所说的失业因素的,这一点可以用略有不同的方式加以说明。

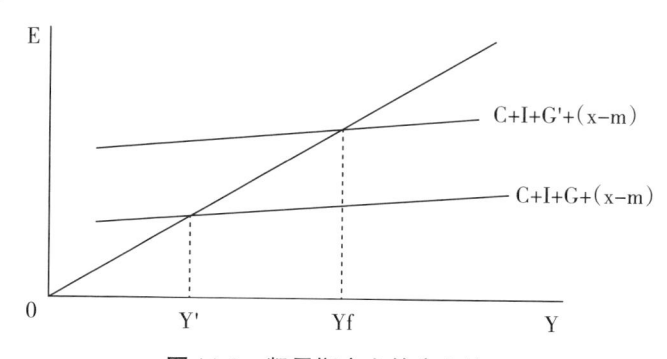

图11.2 凯恩斯主义的失业论-1

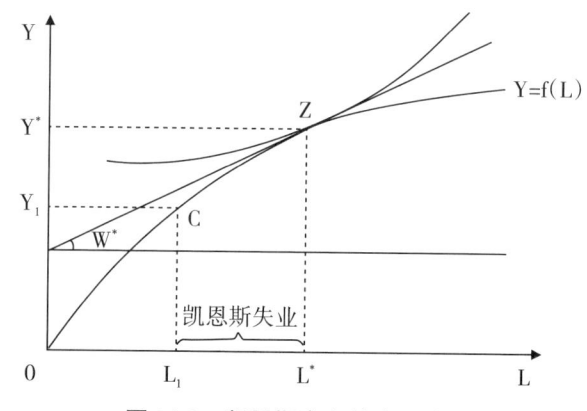

图11.3 凯恩斯主义的失业论-2

在图11.3中,Z点表示货物市场和劳动力市场均兑付的点,因此也就是瓦尔拉斯均衡点的位置。然而，即使实际工资率处于市场兑付水平，由于销售对产出的限制，经济只能达到C点，即临时均衡点。也就是说，企业愿意生产Y^*的产出，因此应雇佣L^*数量的劳动力，但只能销售出Y_1数量的产出，故此雇佣了L_1数量的劳动力，使得失业人数为L^*-L_1，不是因为实际工资太高，而是因为在这个工资水平上，总需求太低。故而，凯恩斯能够坚持认为，在货币经济中，失业的根本原因是需求，而非供给的情况（Davidson，1994，p.10）。凯恩斯的做法推翻了三个基本的经典公理：货币的中立公理、替代公理和预测公理。这使其能够提出自由放任经济的正常结果是失业，而不是充分就业。

正如我们所看到的，20世纪20年代和30年代的世界经济大萧条，是一个大量、持续失业的时期，在此期间，货币工资并没有表现出迅速调整以清除劳动力市场过剩的明显趋势。因此，1936年凯恩斯《通论》的出版彻底改变了研究经济的方式，宏观经济分析侧重于总支出、消费、投资、政府开支和出口的类别［其中，E=C+I+G+（x-m）］。各种消费的总和决定着经济总消费，而总消费又决定着国民总收入的水平。因此，在经济萧条时期，由于存在失业，所以供给没有限制，故而唯一的限制因素必定是需求。在凯恩斯主义宏观经济模型中，总消费的最大组成部分是个人消费，而个人消费被认为取决于国民收入水平，因此将随国民收入提高而提高。投资是由个体企业家的期望所决定的，出口水平由外国人的收入决定。因此出口水平和外国人的收入是由外在因素决定的。最后，政府支出为政策制定者提供了控制能力，通过使用财政稳定政策、利用税收和政府支出来改变经济中的总消费水平。因此，凯恩斯主义宏观经济学为国家对经济进行积极的干预提供了理论上的支持，包括设置预算赤字以增加总需求。第二次世界大战之后的二十多年里，人们普遍认为已经解决了失业问题，因为人们认为不到2%的失业率是正常的现象。表11.3显示的是国际上的失业率对比估计，表明英国在20世纪50年代和60年代的失业率相对较低，并保持稳定。在英国，1972年的"巴伯景气"①（Barber Boom）就是政府试图故意产生赤字刺激经济，从而提高国民收入和降低失业率的一个例子。1968年至1970年期间，工党财政大臣詹金斯（Jenkins）曾试图创造预算盈余，以减缓被视为过热的经济。因此，从这个角度来看，可以视经济学为一种技术专家的操控，原因众所周知：国家可以操纵宏观经济因素，问题只是操控的程度、什么时候操控，以及操控持续多久。[1]因此，经济学家努力构建模型来解决这些问题，从而完善稳定政策的技术。在20世纪50年代和60年代，似乎这些模型取得了一定程度的成功，但进入20世纪70年代以后，凯恩斯模型在解释通货膨胀等经济现象方面愈发无能为力。

表11.3 1950—1970年的失业率(%)

	1950年	1955年	1960年	1965年	1970年
美国	5.3	4.4	5.5	4.5	4.8
日本	1.8	2.4	1.7	1.2	1.1
比利时	7.1	4.6	4.3	1.9	2.1
德国	10.2	4.3	1.0	0.5	0.8
意大利	12.2	10.5	5.5	5.3	5.3
荷兰	2.0	1.3	1.2	0.8	1.4
挪威	2.7	2.5	2.5	1.8	1.6
瑞典	2.2	2.5	1.4	1.1	1.5
英国	2.9	1.9	2.9	2.5	3.1

来源：Broadberry in Floud and McCloskey（1994），vol.3，Table 7.1，p.201。

---

① 安东尼·巴伯(Anthony Barber)曾任英国财政大臣,1972年推出了一项财政预算,其中的措施导致了高通胀,而公共部门工作人员的工资要求也高涨。——译者注

将这两种看似相反的观点联系起来的是：充分就业被视为一个均衡位置，可以存在于完全竞争的新古典主义经济学框架内。因此，古典经济学家和凯恩斯主义经济学家都有这样的任务：通过分析工会、不完全竞争、非对称信息、效率工资和灵活劳动市场来解释经济中的充分就业背离问题。

1958年，菲利普斯（A.W.H.Phillips）教授似乎发现了失业率与货币工资变化率之间存在一个确定的、稳定的反比关系（见图11.4），这一关系近一个世纪以来一直持续发挥作用。因此，失业率越低，通货膨胀率越高，反之亦然。现在看来，各国政府似乎能选择利用总需求政策来降低失业率水平，但同时也要准备好接受随之而来的通胀上升。事实上，各国政府的可选菜单只能是低通胀率下的高失业率，或者高通胀率下的低失业率。

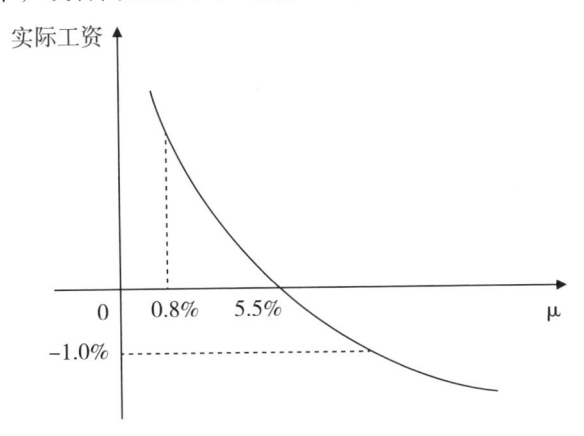

图11.4 菲利普斯曲线

然而，弗里德曼（Friedman）（1968）批评了菲利普斯曲线，他认为对劳动力市场压力做出回应的是实际工资，而非货币工资。修改的结果是，菲利普斯曲线不复存在，而是每种预期的通货膨胀率都有不同的曲线，如果当前的通货膨胀高于预期，那么预期将向上修正。然后，弗里德曼可以辩称，只有达到了预期的失业率水平，通货膨胀率才能保持稳定。这种失业率被称为自然失业率。如果失业率高于自然失业率，那么通胀将会减速，而如果失业率低于自然失业率，通货膨胀将会加速。只有达到自然失业率时，通货膨胀率才会稳定。

滞后理论

滞后理论的基础是非加速通货膨胀失业率（NAIRU），而非加速通货膨胀失业率又是建立在三个宏观经济命题的基础上的。首先，菲利普斯曲线认为，失业率下降往往会加速工资通货膨胀。其次，工会等自主因素的存在，将把这一体系"推"到更高的通胀水平。最后，一旦通货膨胀存在并且上涨，通货膨胀将随着预期的调整而继续上升。雇主为了吸引工人填补用工空缺，将向劳动者提供更高的工资，因此，如果失业率较低，那么通胀将有加剧的趋势。在供给方面，相较于生产效率提高形成的工资安排，工会在议价方面将处于更强势的地位。相反，如果失业率很高，那么通货膨胀将会下降，因为工会将处于弱势地位，雇主也不会试图为空缺职位招工。所以，有人认为，将出现临界失业水平，通货膨胀既不会上升也不会下降，非加速通货膨胀失业率将保持稳定，见图11.5（Layard，1986，pp.29-30）。

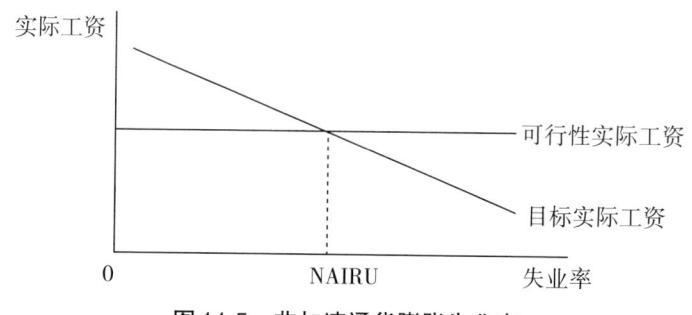

图11.5 非加速通货膨胀失业率

非加速通货膨胀失业率是可行性实际工资和目标实际工资的交叉点。获得可行性实际工资的前提是：如果工人得到的货币工资提高了，公司将提高价格，而且上涨的货币工资并不代表实际工资的增加；而目标实际工资是由失业水平与工会议价能力之间的反比关系得出的。可行性实际工资和目标实际工资的交叉点是两者达到同一个的点，结果是通货膨胀没有加速的趋势。[2]

滞后效应是经济学家用来表示经济事件持续影响的术语。例如，非加速通货膨胀失业率对失业历史的依赖构成了滞后效应，因为它依赖于过去的事件。这里的论点是，非加速通货膨胀失业率的行为依赖于路径，因此失业率持续上升，超过非加速通货膨胀失业率将导致非加速通货膨胀失业率本身的增加。于是，一个本质上静止的系统被转化为一个动态的模型。许多凯恩斯主义经济学家能够接受这样的主张，即存在一个与通胀水平相对应的失业率，既不上升也不下降。但与新古典主义不同的是，凯恩斯主义经济学家们不愿接受这个失业率可能与整体充分就业相关（Trevithick, 1992, p.197）。斯克勒潘蒂（Screpanti）认为，可以观察到两种类型的失业滞后现象。他将这些定义为"s形滞后"和"m形滞后"，前者是指即失业率稳定时，通货膨胀趋于稳定，后者是指随着失业率持续变化，通货膨胀趋于稳定。[3]他认为m形滞后可以用"持久性"模型来解释，这个模型用菲利普斯曲线关系来处理特定失业水平的存在。然而，持久性并不等同于滞后，因为稳定的非加速通货膨胀失业率可以独立于过去的历史而存在（Screpanti, 1996, p.94）。斯克勒潘蒂在文章中指出，存在一条"工资冲突曲线"，其中通货膨胀率取决于失业率变化率，因此不存在独特的非加速通货膨胀失业率，因为通货膨胀得以稳定的失业水平取决于过往历史，既有确定性，也有随机性。基本上，这些失业—通货膨胀权衡模型中使用的滞后概念侧重于长期失业者与工会议价能力之间的关系，并认为存在局内人—局外人效应，因此那些已经身处劳动市场的人，即希望加入劳动大军的局外人对作为劳动市场局内人的地位施加了压力。如果局外人数量庞大，工会代表局内人成功议价的能力就会削弱，反之，如果局外人数量较少，工会的议价能力就会提高。有人认为，长期失业人数占失业总人数的比例将影响议价关系，因为比例越高，其议价的影响力越低。换句话说，长期失业人数越多，就越不会影响工会代表局内人成功议价的能力。[4]

有人认为，就对政策制定者的用处而言，非加速通货膨胀失业率的架构本身已经过时。加尔布雷思（Galbraith）认为，作为一个纯粹的数学结构，非加速通货膨胀失业率还是有效的，但对于政策制定者而言，追求较低的失业率比相信经济模型的预测要有效得多，因为经济模型本身就是不确定、不统一的（Galbraith, 1997, pp.106-107）。因此，他主张回归到旨在解决眼前问题的政策，而不是基于经济模型的政策，这些模型表明了某些经济手段可能影响某些经济变量的方式。虽然总的来说，没有什么理由可以反对这种做法，但在某些方面存在缺陷，从而使得我们回到了对失业问题的理解上。事实上，审视失业或任何其他经济问题时，都不能与整个系统割裂开来。正如我们在第一部分中所看到的，有必要检查出现问题的经济整体，以便能够确定原因，并找出可能的解决方案。就失业而言，我们可以认为，非加速通货膨胀失业率模型，包括背后的滞后理论，是按照马克思主义的方法进行分析的，因为这个模型试图找出所涉及关系的基本特征。[5]

对于马克思来说，劳动后备军是资本主义生产方式的必要特征，如果资本主义要继续下去，就必须存在劳动后备军。因此，资本主义生产方式的经济制度本身就需要失业，以维持工资长期处于维持生计的水平。正如局内人—局外人一样，就失业的滞后观点而言，受到失业水平影响的恰是劳动者的议价能力,因此从根本上来说,是资本与劳动者之间的权力关系决定了生产关系各方所占的相对份额。

这种关系在图11.6和图11.7中是可以看出的,其中,在失业的情况下,存在上升趋势,但是如果每小时收入增加了,则是下降趋势。所以,失业率上升和时间推移有直接的关系,劳动力增加薪酬的权力也随之被削弱了。

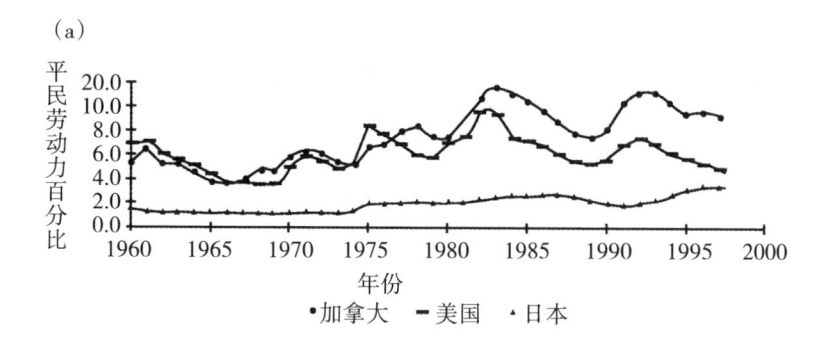

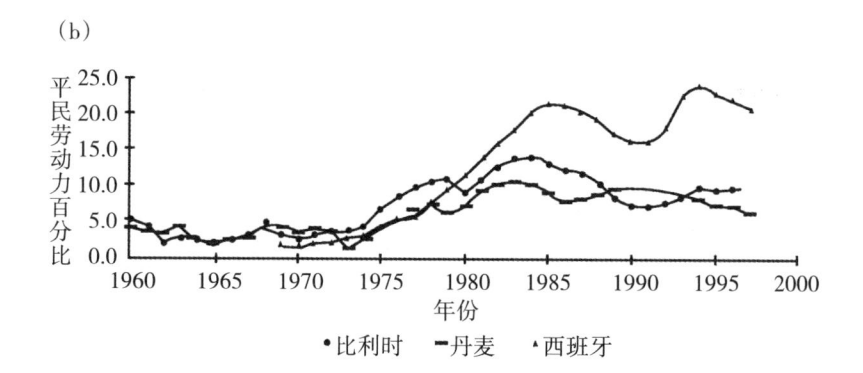

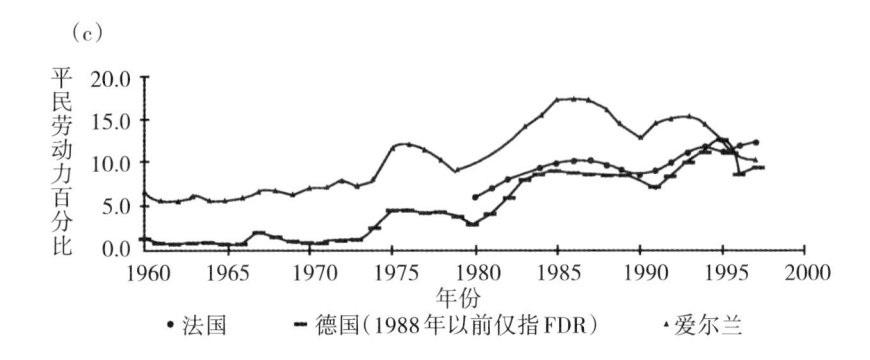

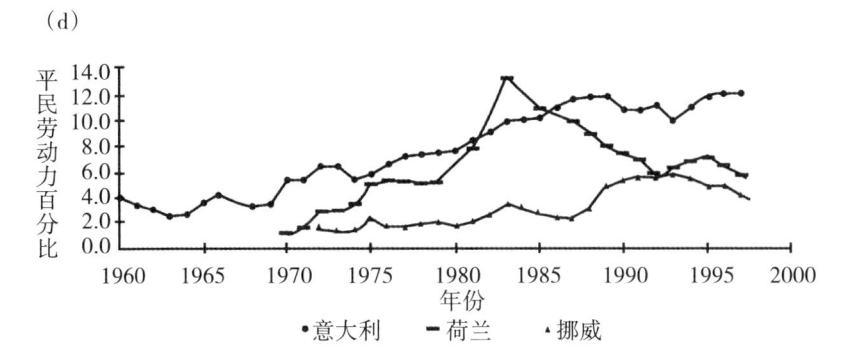

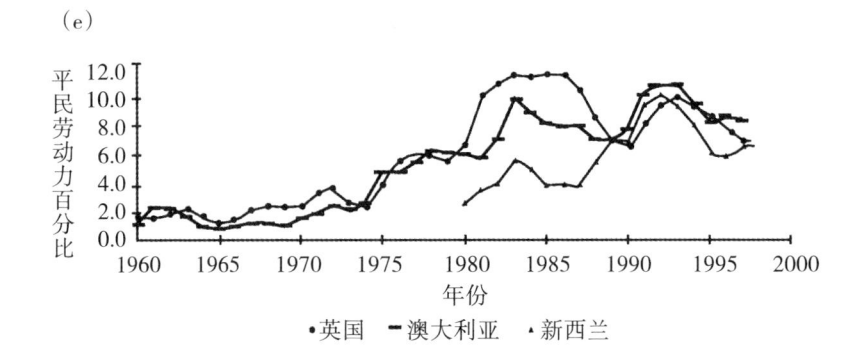

图11.6 (a–e)失业率(平民劳动力百分比)

来源：OECD (1976) Main Economic Indicators 1960–1975, derived from Paris DECI (1988)。

11 失业 II

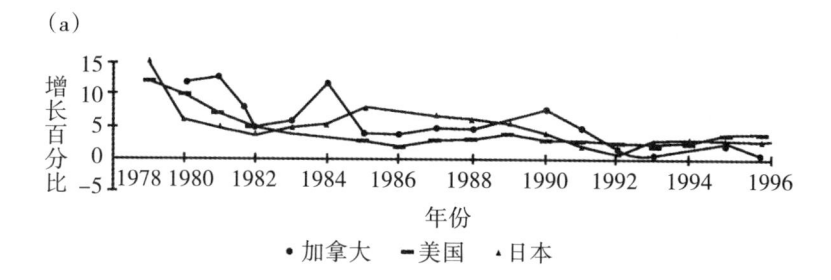

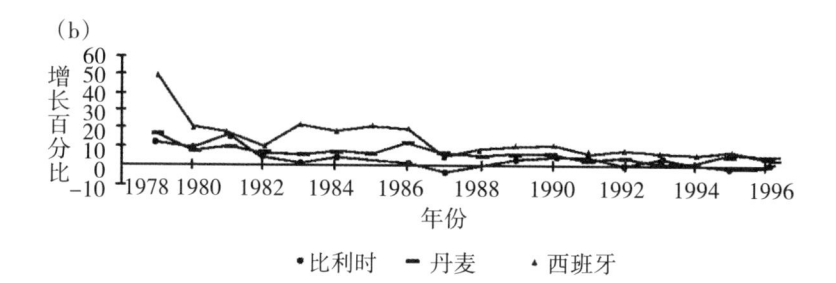

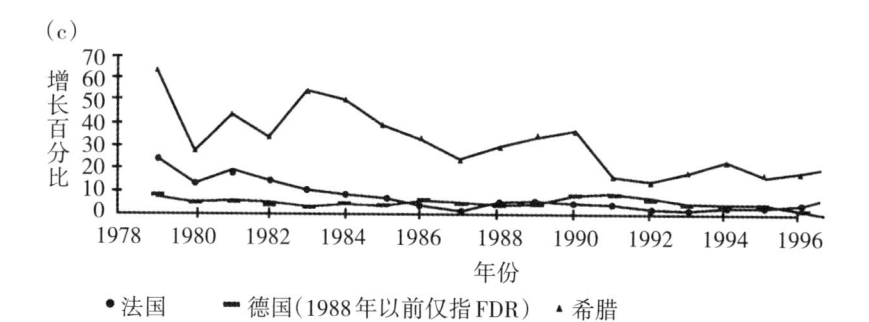

(a)

增长百分比

• 加拿大　— 美国　▲ 日本

(b)

增长百分比

• 比利时　— 丹麦　▲ 西班牙

(c)

增长百分比

• 法国　— 德国（1988年以前仅指FDR）　▲ 希腊

(d)

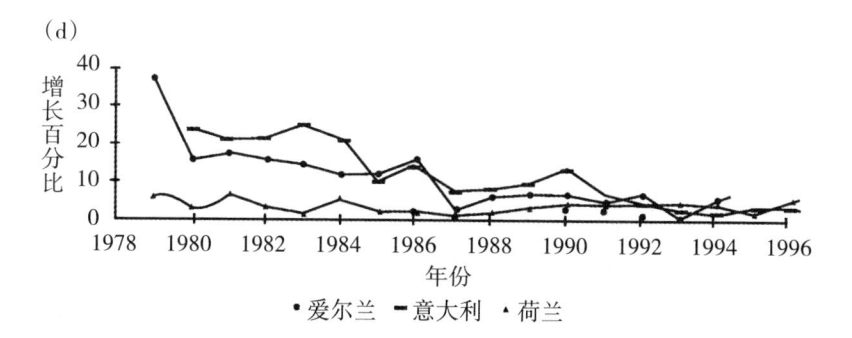

增长百分比

• 爱尔兰　— 意大利　▲ 荷兰

(e)

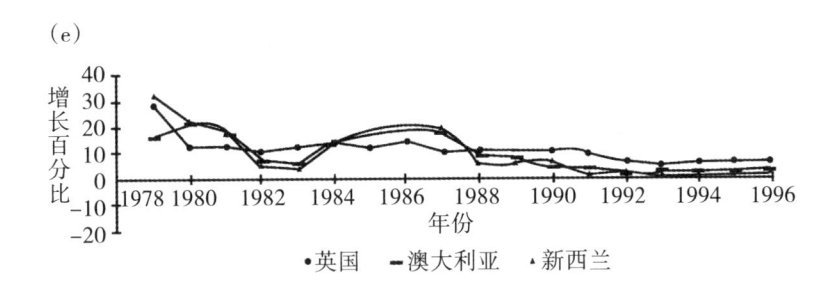

图11.7 (a-e)每小时收入增长情况(制造业)

来源：OECD (1976) Main Economic Indicators 1960–1975, derived from OECD (1998)。

战后共识

社会民主主义观出现在第二次世界大战期间，被视为是对社会主义观的修改，并采用了与约翰·梅纳德·凯恩斯（John Maynard Keynes）有关的观点，认为与资本主义妥协是有可能的。这包含三个相关方面。首先，市场资本主义在本质上是不稳定的，原因在于繁荣和衰退，繁荣和衰退不一定是由系统外部冲击引起，而是由于资本主义的不受监管的性质造成的。其次，人们认识到"民主"已经成为一种风气，由此带来了高就业和高福利方面的压力，与此同时，两次世界大战期间的经历，表明有导致法西斯主义和苏维埃社会主义社会革命的可能性。最后，认为国家权力可以以"中立"的方式来使用，用于促进经济增长和形成社会观念上的共识。因此，可以说凯恩斯主义与普遍的选举权和资本主义的基础密切相关。出现了两种截然不同的观点，我们可以将这些称为强版的凯恩斯主义和弱版的凯恩斯主义。在弱版的凯恩斯主义中，国家发挥的作用有限，通过对投资决策的影响，以及操纵财政措施来刺激总需求发挥作用。在强版的凯恩斯主义中,国家发挥的作用更大,因为国家开支取代了私人投资决策。从第二次世界大战到20世纪70年代早期,这两种形式都被采用过,但主要是弱版。弱版的凯恩斯主义被称为新古典综合派(杂牌凯恩斯主义),由此出现了菲利普斯曲线权衡。许多人认为这种作用有限,是不够的。米哈尔·卡莱斯基和乔安·罗宾逊(Joan Robinson)认为,这对于长期充分就业是不够的,国家应该接管私人投资。然而,这种观点的缺陷在于,它需要大规模调整经济结构,而调整改革将面临很大阻力。卡莱斯基特别指出,弱版的凯恩斯主义会引起通胀压力和国际支付平衡方面的问题,所以不足以维持充分就业。这种性质的结构调整也存在政治阻碍,特别是,西欧各国政府将发现自身处境艰难。它们需要尝试控制资本主义机构,但会出现国际收支和通胀问题。因此,对卡莱斯基而言,如果政府管控缺位,政治性经济周期将会出现,面对这些问题,政府将安排高失业率来约束工人阶级,同时要承诺充分就业和经济增长。然而,由于政府并没有接管这些机构,因此对工人阶级进行约束的需要也意味着预期的下降。因此,难以推出更强的版本的原因是政治和制度性的,故而,凯恩斯主义的失败不只是在学术或理论上的,也涉及社会和经济因素冲突,而马克思主义的批评可以从生产关系的角度解释这些因素。

确实,凯恩斯的思想推出时处于第二次世界大战以及战后重建的特殊情况之下。凯恩斯的观点被应用到了1941年的预算中,是用计划经济赢得战争这一整体理念的一部分。人们认为资本和劳动力相互配合是赢得战争的必要条件,因此一致认为,可行的政策只能通过英国劳工联合会(TUC)和更广泛的劳工运动进行谈判解决。双方在谈判中达成和解,以实际的物质利益换取严格的管制,包括禁止罢工。尽管是战争的原因,工人阶级的状况得以改善,但这些措施似乎奏效了。于是，在敌对状态接近尾声时，欧内斯特·贝文①（Ernest Bevin）开始形成战后经济重建的制度框架。联合协商委员会（Joint Consultative Committee）是在战争期间成立的，作为工会领导人、雇主和劳工部的三方沟通平台，是社团主义（corporatism）的先行者。为了从战时经验中汲取教训，启动了重建调查，其中包括G.D.H.科尔（G.D.H.Cole）、乔安·罗宾逊和罗伊·哈罗德（Roy Harrod）。这是一次尝试，探索如何永久实施凯恩斯思想，即长期应用凯恩斯主义。此外，《贝弗里奇社会福利报告》发表，旨在收买期盼战后福利的工人阶级。由于战争的原因，很少有人抵制这些措施，故此为战后共识奠定了制度基础。二战结束后不久，工党政府继续与劳工达成和解，福利国家法得以通过，国家实施计划经济，以三方合作的形式将和解延续下来。

然而，1951年，保守党在政府选举中获胜，结束了这一进程，保守党政府开始放开经济，不再继续推行更强硬的经济模式，并迅速转向弱版的经济模式。但是，已经发生了两个变化：一是工人阶级对充分就业和提高生活水平的期盼方式在性质上发生了变化，二是由福利国家的出现以及福利国家在社会政策方面所承担的义务所引发的变化。这对就业政策具有特别重要的意义，因为权利主张变成了权利，不再是一个是否可以由经济状况提供的东西。国家的作用之一就是保证繁荣和就业。这造成了混乱，因为只有持续的经济增长才能满足需求，但在国家将这些想法纳入其中的同时，其实已经开始退出强势版本。这正是卡莱斯基的设想，国家需要作出选择：是回到强势版本，还是通过高失业率降低工人的期盼，从而来恢复对工人阶级的周期性约束。因此，凯恩斯主义政策的出台是基于这

---

① 英国政治家、工会领袖、工党政治家。他创建了运输和杂务工工会，并自1922年至1940年担任其总书记。——译者注

样一种尝试：构建集体谈判的制度框架，并引入福利国家来凝聚社会共识。尽管这一过程仍在继续，但仍鼓励重返自由贸易，将英镑再次作为世界主要货币之一。随着国际收支问题的出现，内部和外部政策之间出现冲突，从而使得向国内政策妥协。

因此，放弃凯恩斯主义的需求管理技巧恰逢资本主义生产关系重新建立，劳资关系又恢复了以前的样子，即权力关系。经济的重建已经完成，私营部门不再需要国家的支援，因此也不再需要战后的解决方案。所以，维持高水平就业的政策被放弃，转而支持低通胀政策，允许失业率上升。高失业率确保权力回到资本家的手中，对工人阶级进行约束来抑制工资水平的提高，从而在价格水平的提高方面产生预期的效果，借此重申了菲利普斯曲线和非加速通货膨胀失业率的关系。

总结

凯恩斯主义传统内对失业的大部分分析都强调了劳动力市场中存在的权力关系。但是，这与资本主义生产关系的整体性相孤立，因此，其分析必然是片面的。所以，由于劳动后备大军所发挥的关键性作用，试图在资本主义中设计出更高水平的就业机会是不可能的。米哈尔·卡莱斯基在其分析中认识到了这一点。由此，我们可以认为卡莱斯基对失业作用的探讨植根于马克思主义的传统，故而缺少了社会民主主义的某些天真的观点。所以，从长期来看，资本主义经济不可能维持充分就业，因为长期充分就业将削弱维持资本主义的根本力量：资本积累。

12
公共部门

简介

在19世纪，公共部门的角色发生了明显变化。资本主义发展到今天的历史阶段可以用国家与私人资本之间的关系来说明。马克思在《资本论》中没有怎么讲国家的作用，也没有充分展开其国家理论，只是通过《工厂法》（Factory Acts）谈了国家的干预以及国家在原始积累过程中的作用。然而，到了20世纪，为适应资产阶级和经济环境不断变化的要求，公共部门的规模大大增加。这不仅包括扩大公共部门的规模和范围，而且还包括，特别是自20世纪70年代中期以来，协调一致地努力减少公共部门的规模和范围。第二次世界大战后国家干预程度大幅提升，但在过去20年中，以放松管制的形式同样对此进行了大幅度的修改。鉴于资本主义制度在整体上的变动性，重点放在了资产阶级的要求上，由此，公共部门的规模和功能反映了主流的经济条件。

公共部门的规模日益增大

瓦格纳定律（Wagner's Law）认为，所有正在进行工业化的经济体都存在着公共部门扩大的趋势，有的是绝对性，有的是相对性的扩大。该定律还预测，由于需要不断扩大行政管理、法律和治安部门，对分配问题日益关注，以及对私人垄断的监管的需要，这种扩张将持续存在。就经验而言，许多研究表明，该定律准确地反映了目前成熟的资本主义经济中公共部门增长的发展情况。所以，随着人均收入的增加，公共部门的相对重要性也在提高。实际上，在20世纪，国家活动的增多可视为资本主义经济中最显著的变化之一。相比之下，可以将19世纪描述为自由放任经济的高潮时期，在英国尤为典型。尽管经济历史学家对于1914年以前政府经济政策的程度和影响存在很大争议，但总的来说，大多数人会同意财政和货币政策的目标是提供资本主义蓬勃发展的稳定环境，与此同时，允许外国货物进入没有保护性关税以及存在"自然"垄断的国家，从而鼓励竞争，提高效率，国家将通过确定服务的价格和标准来管控私营企业。在劳资关系方面，因为认为干预会扭曲劳动市场，维多利亚政府[1]和爱德华政府[2]相对不太积极，这与1914年后的政府形成了鲜明对比。总体而言，在1914年之前，为适应社会环境的变化，社会福利领域的国家立法增多了，但在经济中，人们仍然认为要通过健全的金融、自由贸易和社会和谐来发展自由竞争的市场。因此，整个20世纪的趋势一般是将国家的职能从维持必要的内部和外部安全扩展到收入转移、生产资料的所有权，以及健康和教育的发展等所有能够涉及的领域。表12.1列出了英国国家职能的发展程度。

表12.1　政府总支出（总额）（百万英镑）

1948年	4236
1952年	5865
1957年	7580

---

[1]指1819—1901年维多利亚女王在位期间的政府。——译者注
[2]指1901—1910年国王爱德华七世在位期间的政府。——译者注

续表

1962年	10447
1967年	16789
1972年	26242
1977年	61450
1982年	128125
1987年	166747
1992年	257707
1997年	316061

来源：Office of National Statistics（1998）*Economic Trends*, *Annual Supplement*, Table 5.4, p.236。

关于公共部门观的"正统"观点

相比之下，可被称为"主流"的经济学认为，经济权力与政治权力是分开的，并且认为政治权力对经济权力可能有反作用。但这样的分析未能从整体上把握住资本主义制度需要国家干涉这一本质特征。因此，真正重要的问题是，在捍卫和推动资本主义制度利益上，政府是未雨绸缪，还是被动应对。有人可能会说，从本性上讲，政治家更愿意被动应对，而非未雨绸缪，而作为体制的工具，国家无法过于超前地预测经济的要求。因此，政府的政策反映的是当前的情况，尽管随着经济环境不断变化，政策的性质也随时间而变化。

"正统"经济学中，由于18世纪以来，政府干预的合法领域发生了巨大变化，对公共部门作用的探讨在方式上也发生了变化。在古典经济学传统理论中，亚当·斯密认为，国家对经济活动状态进行管控是不可接受的，因为这意味着特权，干扰了市场的"自然"过程。对亚当·斯密而言，例外之处是捍卫和维护法律的范围和秩序，建立司法系统以确保市场上合同的履行。一个多世纪后，信奉新古典主义传统的阿尔弗雷德·马歇尔提出，尽管市场在整体上是善意的，但某些情况下，一个市场如果完全不受监管，可能会出现不受社会欢迎的结果。在一些地方，主要由于技术原因，出现市场效率低下、资源浪费等，例如对公共服务的"自然"垄断。因此，马歇尔提倡政府对这些领域进行干预，提供公共教育，以及政府通过税收和补贴来重新配置资源。所以，早在凯恩斯的《通论》出版之前，传统经济学就已经认识到政府需要加大对经济的干预，因为经济结构发生了变化，而且私营部门的要求也因资本主义的发展产生了变化。

有关公共部门的作用，新古典主义分析大多涉及混合经济中公共部门最优产出水平的概念。在这里，新古典主义的分析采用了完全竞争假设，每种产品的需求曲线都具有无限的弹性，并使用等值边际原则来解释个体消费者的相对消费。因此，商品和服务的相对消费取决于个体消费者给予的边际价值，这些边际价值与其相对价格成正比。如果私营部门处于最优情况，消费中边际替代率等于市场中购买的边际替代率，也等于生产中的边际替代率。通过使用帕累托标准（Pareto criterion）（即：如果一个人的状况变好了，那么至少有一个人的状况会因此变坏），则可以为私营部门推导出最佳产出量。然而，纯公共产品，就其本质而言，是被所有个体平等消费的，差异只存在于不同个体对产品数量的边际价值中。因此，私人产品的价格相同，但消费水平不同，纯公共产品的边际价值不同，但消费水平相同。在新古典经济学的一般均衡分析中，要计算公共产品和私人产品的组合，以便将两类消费者的效用最大化，由此实现帕累托有效分配。可以认为，按照这种方式，在由两种企业类型组成的经济体中，可以实现公共部门的最佳产出水平。然而，尽管这样的模型中使用的潜在假设是不切实际的，但主要问题是，对公共产品消费的边际价值,人们往往隐瞒自己的偏好;所以,我们可以得出这样的结论:"正统"经济理论,无论如何,客观上都无法揭示出混合经济中公共和私营部门之间最佳的产出分配(Atkinson,Livesey and Milward,1998,pp.324-327)。与此前一样,新古典分析是用静态方法来解决动态问题,用非政治性的模式来解决高度政治性的问题。

马克思主义的方法

对于国家的作用,马克思主义的通常方法是:公共部门活动受资产阶级需求的影响,因此国家行为很大程度是为资本的利益服务的。其中一个重要方面是国家制定的市场运作和经济活动组织的法律框架。例如,相对于雇主的权力而言,工人组织的法律地位将对工人能否成功议价产生影响。同理,所通过的垄断和兼并方面的法律,短期内可能影响生产结构。然而,这里的重点是,通过的立法将始终致力于资本家的利益,并创造最适合积累,以及相应经济增长的上层建筑。然而,正如我们将看到的那样,在资本主义生产关系动态的背景下,它形成了一个悖论。个体资本家希望减少干预,但就资本家整体来说,资产阶级需要更高水平的国家开支和立法。随着社会的不断发展,出现了某些只能通过第三方干预才能满足的要求。例如,随着市场的扩大,商品必须运输到更远的地方,对于私营企业而言,兴修公路就是无利可图的。所以,在资本主义日新月异的经济环境中,国家成为重要的提供者和促进者。

尽管新自由主义者和社会民主主义者都对"企业"经济赞赏有加,但在资本主义经济中,结构、组织和制度权力都存在着根本上的不对称。因此,民主的形式源于需要确保这种不对称性的存续,以便资本主义经济为了公司和商业权力的利益继续运作,确保可以继续进行资本积累,进而保护并促进资本主义生产关系的永久化。

因此，经济结构的变化将促使制度结构或上层建筑发生变化，包括法律制度和政治制度在内。这解释了为什么现在成熟的资本主义经济中存在的不同的法律和政治制度框架。科学、技术、文化和其他根本社会制度中的各种历史经验，使得在相同的生产关系内产生了多种制度形式。杰索普（Jessop）认为，从这个意义上讲，"所有社会关系都是多元的，[并且]可以被表述为不同的制度秩序，对经济表现具有不同的中心地位"（Jessop, 1997, p.565）。斯克勒潘蒂认为，不同的产权制度和治理结构在资本主义生产方式中产生了不同的制度安排，"……都有一个共同点：调节剩余价值用途的能力，从而服务于资本积累"（Screpanti, 1999, p.23）。

因此，国家作用的扩大是由经济关系的历史发展所设定的，是以保证资本积累，并确保在阶级矛盾面前维系和谐社会所需的经济环境为条件的。因此，国家必须维护其合法性，用意识形态使工人阶级相信资本积累符合全社会的利益，从而掩饰国家使用权力只是为了资本主义阶级的利益。[1]统治阶级能够主宰政府决策，借助的是当时的经济环境和生产关系下所赋予的经济权力。故此，其政治和法律目标是确保资本家对剩余的所有权，并通过有关工人阶级地位的相应政策促进资本积累。统治阶级也有凌驾于国家意志之上的权力，包括可以上台组阁的政党。[2]这不是在说国家的全部政策都只是要深化资产阶级的利益，而是说政府行为的受益者是资本主义制度。虽然工人阶级也由此获益，但工人阶级在承担国家性福利方面遭受了损失，这些收益也就抵消了。[3]

在马克思主义传统中，卡莱斯基认为，由于高失业率是自由放任资本主义的必要因素，实现充分就业将需要大量的特定形式的国家干预。首先，将要求采取涉及持续预算赤字的财政政策和货币政策，以提供适当的需求水平；其次，随着劳动者相对于资本家权力得到了增加，需要建立一个适当的制度结构，以反映生产关系上的变化。然而，这种制度改革将导致失去一项重要的经济控制手段，即失业。因此，20世纪50年代和60年代的高就业时期，因通胀上升和国际收支危机的压力戛然而止。所以，在卡莱斯基看来，国家对政策的态度并不是中立的，而是受制于大企业的压力，所采取的政策将反映出这些压力。这与葛兰西的方法类似，葛兰西认为：

> ……统治集团与被统治集团的总体利益实质上是相一致的，国家生活被视为一个在主要群体利益和被统治群体利益之间不断形成不稳定的均衡（在法律层面上）并进行取代的过程，在这种均衡中，统治集团的利益占主导地位，但这个过程只能达到某一点，也就是说，止步于狭隘的公司经济利益。
>
> （Gramsci, 1971, p.182）

在其他地方，葛兰西使用"历史集团"这一概念来展示经济基础与政治上层建筑之间的关系，其中价值观和规范在调节生产关系中起着重要作用。由此，历史集团是社会结构的经济基础与政治上层建筑之间的一致性，由历史创造，并由社会再生。

（ibid., pp.366-367）

社会民主主义和公共部门

两次世界大战期间出现的社会民主主义观基本上是尝试对社会主义思想进行修改，因为它从根本上认为与资本主义之间可以有一种可以普遍接受的妥协。社会民主主义观涉及三个相关方面。第一，他们认为，市场资本主义在本质上是不稳定的，周期性的繁荣和衰退证明了这一点,这种周期性不是由外部因素造成的,而是由于资本主义本身不受监管的性质造成的。第二,人们认识到"民主"是永恒的特征,选民要求高就业和高福利,这种压力不容忽视。第三,认为可以中立地行使国家权力,用于促进经济增长,并形成社会共识。因此,国家的作用被视为增长、稳定和社会和谐的首要机制。这种尝试方式涉及提高国家的作用,以挽救自由放任资本主义的失败,两次世界大战期间为了公众利益所设置的监管框架中已经明显证明了国家的作用。此外,依据凯恩斯主义需求管理技术的总体框架内,国家要将战略性产业国有化,政府通过税收提供公共产品,从而直接开展某些活动。这个与"黄金时期"相关的国家调控资本主义时期是在第二次世界大战后以及需要重建欧洲和远东经济的特殊情况下出现的。这种社会民主主义道路的崩溃可以被视为对资本主义生产关系的重新肯定,意味着法团主义和国家监管模式的失败。这包括必然要重新使用失业这个约束工具,并撤销对经济的管制。战后时期相对和谐,主要归因于第二次世界大战所导致的西方经济体的严重混乱。同其他国家一样,在英国,因为战争的原因,资本主义危机没有如约出现,还实现了劳资和解,而这本是不可能实现的。然而,正如卡莱斯基所说的那样,这种基于弱版的凯恩斯主义的和平是不稳定的,不会持久,因为资本不可避免地要对劳动者进行统治。西方经济结构中的裂痕是不可避免的,这在20世纪70年代愈发明显,因为战后重建所依赖的妥协非常脆弱。这种妥协的基础在西德、瑞典和日本等国则更为牢固,但这些结构的设计者仍然被认为是社会民主主义者,劳资之间的根本矛盾仍然未能得到解决。

多年来,人们一直在尝试重振社会民主主义思想,例如赫顿(Hutton)提出的方法,"……在体验了国家社会主义和不受约束的自由市场之后,20世纪面临的巨大挑战是创建一种新的金融架构,在这一架构中,私人决策产生一种不那么堕落的资本主义"(Hutton,

1996, p.298)。他总结说，需要市民社会民主化，金融体系共和化，并要承认必须在国内外构建稳定的国际金融秩序来规范和管理市场经济（ibid., p.319）。

然而，这样的分析未能把握资本主义生产关系的全局性及其在决定社会上层建筑中的作用。因此，正如我们所看到的，关键问题是，生产是如何组织起来创造剩余产品的，以及剩余产品是如何分配的。在封建主义中，对生产资料的控制与法律关系并不一致，领主拥有土地，农奴耕种土地。因此，领主直接拥有农奴的劳动能力，但农奴实际上拥有生产资料。产品包括农奴自己消费的部分以及剩余的部分。因此，必须在政治上榨取剩余产品，在物质上拿走剩余产品，而阶级斗争是围绕着这些产品的相对份额展开的。这种关系给封建主义提供了受政治压迫的劳动者。然而，在资本主义中，不劳动的人既拥有产品又支配产品，而劳动者拥有并支配的是劳动力。剩余产品似乎是平等双方间自由交换的结果，因为这是通过经济榨取的。因此，在资本主义中，为了让自由劳动者和资本共存，个人自由在法律上是必要的。所以，形式上的法律面前人人平等使得实质性的阶级斗争不可避免。政治和经济地位的分离是资本主义的核心制度特征，因为这种分离可以掩盖真正统治的是生产资料的所有者，从而可以方便地进行剥削。有了代议制民主，工人阶级在政治上似乎不是被统治的。在这一点上，列宁认为，当剥削看起来像是自由交换时，专制就披上了民主的伪装，民主共和国只是资本主义的政治外壳。一旦掌握了这个外壳，任何制度或变革都不能动摇它（Lenin, 1976）。然后，这一分析产生出了三个命题。第一，资产阶级国家的本质是真正的权力不在议会手中。如果真是这样的话，通过议会实现社会主义的道路只会腐蚀无产阶级，导致工人阶级遭受更多的剥削，因为议会是由资产阶级的代理人组成的。第二，资本主义的结构决定了工人阶级只能通过建立工会来保护自己，而工会本身却是中产阶级工人的政治，这将使得工人遭受进一步的奴役。第三，资本主义的经济崩溃不可避免，因为市场终将会失效。因此，政党需要解释真正的权力身在何处，因为议会民主制只是一种伪装，是政治与经济的分离的体现。因此，社会民主主义注定要失败，因为它只会使得工人阶级进一步遭受奴役。资本主义制度是建立在阶级冲突和阶级划分之上的，在个体"自由"的前提下，议会民主制度扭曲而不是代表权力的真正所在。资本主义生产方式的存在为政治形式和政策设置了限制。由于国家不是中立的工具，国家不得不按照有利于资本利益的方式发挥作用。对于国家为什么以这种方式发挥作用，有两种可能的解释：工具观和结构观。

工具观

这源自马克思的著作：资产阶级拥有庞大的经济权力，从而对国家权力产生制约，进而将国家掌握在自己手中。资产阶级统治着国家的所有机构，并将其形成一张紧密交织的网。因此，主要的经济政策总是按照统治阶级利益制定的。由此可见，议会作为代议机构作用是无足轻重的，议会的存在只是为了确保资本主义制度的持续。与这种观点相关的问题主要在于：倾向于假设统治阶级形成一个连贯的实体，能够实施对其有利的政策。事实上，有人可能会辩称，在资本主义中，由于竞争力量的本质在起作用，统治阶级必定是分裂的。例如，在英国，不仅个体资本家是相互竞争的，从历史上来看，工业资本和金融资本之间是分离的，一个多世纪以来一直争斗不已。此外，许多由议会制政府产生的政策是符合资本利益的，但仍必须要说服资本让其相信这些政策符合资本家的最佳利益。[4]但是，我们可以说政治制度必须反映经济制度，这是不证自明的。

结构观

这一观点试图证明资本主义国家无论基本条件如何都要按照符合资本家的利益发挥作用。因此，国家的作用是创造并再创造资产阶级的功能。在自由放任的资本主义经济中，国家允许竞争，但随着经济结构被垄断接管而发生变化时，国家要主动改变政策。因为在资本主义中，无论是经济衰退时还是经济繁荣时，大公司都能游刃有余。在战争时期，工人阶级的合作成为必要，工人的议价权力也随之提高。因此，国家的行为由此决定，国家的作用由经济结构，而不是由当权者决定。正如我们所看到的那样，由于生产的社会性质不断提高，以及私人占有的加剧，资本主义内部存在着一种基本矛盾。故而，政府在政策的出台中发挥着决定性作用，这些政策将使工人阶级分裂，使资产阶级团结一致。但只有将国家视为相对独立于资本主义阶级，国家才能做到这一点。随着资本主义的发展，其要求变得更加复杂，特别是在提供技能和教育方面，这方面的成本资本家个体无法承担，而劳动力是劳动者所拥有的，并且无法确保资本家出钱教育和培训的劳动者将继续为该特定雇主工作。如果获得的技能并非针对个别雇主，因此雇主不会出资开展教育和培训，而是把这笔钱省下来，用以提高薪酬来吸引劳动者。对雇主而言，这是理性的选择。

全球化和国家

吉登斯曾表示，在可预见的未来，单个国家仍会在相当程度上保留政府、经济和文化权力，但由于政府的权力越来越依赖于与其他国家和地区的积极合作，政府与民族国家将渐行渐远（Giddens，1998，p.32）。就此而言，吉登斯可能是正确的，但在这种背景下，重要的问题是为什么会出现这种情况,以及这种趋势在目前的国家分析中持续的程度有多大。随着资本主义本身走向全球,而不是像19世纪那样通过征服别国的帝国主义做法,而是通过跨国公司在外国直接投资和在欠发达地区剥削廉价劳动力方面展开竞争,作为垄断资本主义增长的合理结果,经济结构正在全国和全球范围内发生变化。因此,为了适应这种变化,政府必须做出改变。在工业和金融领域,资本主义生产关系是全球性的,要求民族国家合作,并协调政策以便在全球市场上维持资本的跨国性质,而这种性质使得资本得以自由流动,并具有极强的国际竞争性。然而,鉴于劳动者在这种新秩序中的作用,吉登斯对他所谓的"文化多元主义"的乐观态度似乎有些错位。虽然资本可以自由地转移到回报率最高的地方,但劳动者没有这种自由。发达资本主义国家对欠发达世界实施移民管制,确保工资水平不会向上实现均衡,并且可以在全球范围内进行剥削,对维持最低生活水平的工资的增长率施加下行压力,通过开辟新市场并由此提高剥削率来冲抵利润率下降的趋势。此外,可以说,由于新的合作国通过一系列冲突行使其权力,例如在伊拉克和巴尔干地区,冲突使得工人阶级处于分裂状态。这些国家还试图形成经济和政治集团,以反映新的经济环境。于是,由于资本主义的动态性使得资本的需求发生变化,国家在资本主义生产关系中的作用也随之不断变化。然而,正是这种动态性将使得资本主义必定会随着市场全球化而消亡,并且一个地区的金融崩溃的影响会立即波及另一个地区。此外,公司的问题也层出不穷,因为资本具有极大的流动性,而投资者总是试图获得最大化的投资回报,使得加快形成垄断,并确保社会回报继续下降。低工资和不断上升的劳动后备军在国家和国际层面引发实现危机,即使协作国也难以应对。

总结

　　集中程度的提高要求资本对劳动者拥有更大的权力，而这又反过来要求更高的失业率，资本主义制度越来越靠近这一死局，因此统治阶级的选择将不可避免地渐渐消失。例如，为了减少预算赤字（这被视为不利于"健全货币"），国家必须加税或减少公共开支（或两者都实施）。加税，特别是直接征税，对新古典主义而言是适得其反的政策，因为对积累者加税会使得他们不愿积累，从而减少投资。然而，对劳动者的激励问题似乎不大，上调间接税成为了受青睐的政策选择。这降低了消费水平，从而降低了投资，导致失业率上升，企业利润降低，因此赤字没有减少。第二个选择是减少公共支出，但也会增加失业率，同样会导致上述结果。确实存在着第三种选择，但性质上更加险恶，而且在发达资本主义经济中已经得以证明，那就是法西斯主义的兴起。面临经济崩溃的威胁，统治阶级的反应是诉诸反动手段，将工人阶级当作对立面，首先开始攻击工人阶级团体，比如工会。卡莱斯基明确地指出了这一点：

　　　　……统治阶级作为一个整体，尽管不重视法西斯集团的夺权思想，但也不对其做任何压制，只是认为法西斯是狂热的……我们这个时代的法西斯主义是一条拴着狗绳的狗，随时可以放出来，以实现确定的目标，即便是系着狗绳，也可以恐吓潜在的反对者。

（Kalecki, 1972, p.100）

13
福利国家的危机

简介

在两次世界大战期间，欧洲法西斯主义和社会主义兴起，福利国家可以被视为资产阶级与国家为了绥靖工人阶级日益增长的需求而共同实施的一大骗局。第二次世界大战期间对劳动力做出的承诺是和劳动者达成的协议的一部分，旨在赢得战争的胜利。这个骗局就是国家为工人阶级提供了资本家无法提供或不愿意承担的某些基本必需品，包括为资本主义制度没能聘用的人提供最低工资，由此形成对资本主义制度运作至关重要的劳动后备军，同时也为因年龄或丧失能力而无法继续被剥削的人员提供款项。此外，资本需要一支体格健康并且受过良好教育的劳动大军，从而维持一个生产效率高、可塑性强的劳动大军来协助生产社会资本。因此，不是资本家个体向受雇者提供这些福利，而是工人阶级既要为收入纳税也要为消费纳税，国家提供失业救济金、收入补助金、国家养老金、国家医疗服务和国民教育。然而，虽然资产阶级从自己所提供的福利中获得了最大收益，但实际为这些福利买单的却是工人阶级自己。我们可以进一步认为，资产阶级在福利国家的集体供给上实际上一分钱都没花，因为对资产阶级所征税全部以更高价格的产品和服务的形式转嫁给了工人阶级。[1]因此，资本家不纳税，也不必为自己所处的阶级未能提供充分就业、医疗和教育而承担责任。

福利主义的历史

可以说，英国福利主义的历史可以追溯到《济贫法》的出台，该法自1598年起为扶贫提供了法律框架。《济贫法》对需要救济者先进行严格的审查，然后才提供救济，受助人至多可以获得现金、衣服、住房和/或医疗服务。18世纪后期，由于人口增加，经济结构发生了变化，1834年通过《济贫法》修正案对框架进行了全面改革。修正案在英格兰和威尔士确立了新的原则，将教区组合成互助社，财产所有者选出一个监护委员会来管理济贫工作。每个互助社都需要建立一个足够庄严的济贫院，具有威慑力，使得只有严重贫困的人才会申请救济，院外救济只提供给那些并非个人原因致贫的人。到1870年，英格兰和威尔士的647个济贫法互助社中至少有70%都设立了济贫院。中央政府通过济贫法委员会（1847年）对《济贫法》实施进行监督，直到1871年成立地方政府委员会以监督地方政府日益增长的职能。1871年，政府实施了一项条款，规定老年贫困者的近亲属应承担赡养义务，否则将被起诉。此外，该条款的目的是发挥慈善机构的作用，说服慈善机构只向那些经帮助后能够脱贫者提供救济。1871年，英格兰和威尔士共有166407名女性院外贫民[①]（outdoor pauper）（Thane, 1996, p.34）。20世纪80年代的失业使得这项政策难以为继，因为济贫院的规模容纳不下所有的失业者。因此，对男性的院外救济扩大了，但要求他们在济贫院里从事砸石子的工作，以便确定这些人是否有找工作的意愿。

在其他地区，许多城镇的医务室最初是义务机构，与《济贫法》

---

① 是指不住在济贫院但接受救济的穷人。——译者注

医院一道提供免费医疗服务，1885年的《医疗救助（取消资格）法案》用了很长的时间来消除贫困的恶名，既大大提高了医疗技术水平，又成功治疗了更多的疾病（Thane, 1996, p.35）。到世纪之交，在英格兰和威尔士，所有11岁以下儿童原则上都享有免费教育。1885年和1890年的《住房法案》大大方便了更多的地方当局借款建造房屋，1890年至1904年间，借出了450万英镑，其中大部分是伦敦郡议会所借（Thane, 1996, p.41）。到19世纪末，中央政府在为工人阶级提供老年退休金和补贴住房上面临的压力越来越大，但与布尔战争[①]（1899—1902）相关的开支阻碍了这些领域的立法。然而，人们就志愿军的身体健康问题展开公开辩论，加上对经济状况的担忧，使人们开始强烈要求政府采取措施来解决国家效率低下的问题。因此，福利改革的压力主要来自政界人士，这些人认为经济增长有赖于有一支身体健康，且受过良好教育的劳动大军。朗特里（Rowntree）在1901年进行的社会调查以及布斯（Booth）在1902年进行的社会调查发现贫困非常严重，慈善救济制度效率低下。综上所述，人们在政治上变得更加容易接受中央政府对社会福利领域的干预。

自由党1906年至1914年间进行了改革[②]，无论是在改革引入的干涉主义思维方面，还是在引入干涉主义的迅捷程度上而言，这次改革都被认为从根本上打破了此前公认的经济和政治公理（Barr, 1998, p.23）。

[①]1899年至1902年，南非德兰士瓦省和奥兰治自由邦的布尔人政府联盟与英国政府之间为争夺德兰士瓦省和奥兰治自由邦的管辖权及商业利益而爆发的战争，以英国的胜利告终。——译者注

[②]自由党执政的政府进行减贫改革,通过立法引入老年退休金、免费学校餐、国民保险等。——译者注

主要法案及其影响一览

1905年	失业工人法案	建立济贫委员会分发自愿捐助资金。
1906年	工人补偿法案	扩展了1897年的法案，雇主要对工作场所的事故承担责任，并有义务为此类事件投保以赔偿工人。
1906年	劳资争议法案	对工会因解决劳资纠纷而采取的非暴力行为免于起诉。
1906年	教育（膳食提供）法案	允许地方政府为贫困儿童提供在校餐食（但没有要求必须提供）。
1907年	教育（行政性条款）法案	对学童进行医疗检查。
1907年	见习期法案	确立见习期服务。
1907年	婚姻案件法案	向离婚和分居妇女提供扶养；通过法院强制执行，巩固了此前的立法。
1908年	养老金法案	无须核查贫困状态，由国家基金支付；针对年收入低于31英镑、年龄在70岁以上者，无须投保，即可领取5先令（25便士）/周的养老金。
1908年	儿童法案	对疏于管教孩子的父母进行惩罚，设立专门的青少年法庭，设立青少年拘留所，禁止儿童赌博、出入妓院以及在街上吸烟。
1908年	小片耕地和小片公地法案	试图通过增加就业机会来减少农村贫困问题。
1909年	贸易委员会法案	为20万"血汗行业"的工人确立最低工资。

1909年	住房和城镇规划法案	不再要求地方当局必须向私营部门出售房屋，并赋予地方当局建造新房和封禁不适合居住的房屋的权力。还鼓励进行城市规划。
1911年	国民保险法案	如患病，前26天内，男性的疾病补助费支付标准为每周10先令（50便士）（女性为7先令6便士），伤残抚恤金为每周5先令（25便士），产妇津贴为每周30先令（1.50英镑），医药免费，结核病在疗养院免费治疗。 缴费金额为9便士，其中，职工个人承担4便士，雇主承担3便士，国家承担2便士。
1914年	教育（膳食提供）法案	要求所有地方政府都必须为贫困儿童提供校餐。

尽管就以往的改革而言，这些改革可能看起来相当全面彻底，但仔细观察就会发现，实际上只是反映资本对提高劳动效率的要求。失业和疾病保险是基于递减税制的，能享受的工人数量有限。医疗福利仅适用于家庭主要劳动力，正如巴尔（Barr）所示，其他欧洲国家和新西兰也展开了类似的改革（Barr, 1998, p.23）。塔恩认为，"或有其不完善之处，但这些新规代表了1906年至1914年间英国政府在社会职能方面的一个显著转变"（Thane, 1996, p.90）。

两次世界大战期间

战争结束时，英国面临两个主要难题：一个是如何让500多万军人复员，并让他们重新融入到平民生活；另一个难题是如何安排目前约500万名从事政府战备工作的人，其中有50万人是在国有工厂工作，直接受雇于国家。政府从1917年初就开始制定复员计划以及恢复"正常"经济状况的方案，其战略是对工业迅速"撤销管制"，即使会带来短期失业率上升，也要尽快结束战时生产。然而，为了阻止国内劳动力市场形成"洪流"，遣散军队的计划进展得较慢。对于将经济从国家监管中解放出来的必要性，人们达成了广泛的共识，就连工会也只是稍稍表示反对，因为大多数人都急于解除政府对劳资关系的干预。只有在那些历史上就极力要求进行干预的领域，比如呼吁铁路和煤炭行业国有化，才出现了严重的抵制。鉴于欧洲发生的事件，英国政府在某种程度上担心，随着工业动荡加剧和零星的城市骚乱，英国正处于社会革命的边缘。为此，政府于1918年11月推出了"失业捐赠计划"。这涵盖了在和平过渡期间被解雇的所有工人，而且补贴金额首次根据申请人所抚养的人数确定，并且范围很广泛。在害怕社会革命的背景下，人们期望政府推出"社会重建"政策。这种期望来自这样一个事实：在整个战争的后期，政府委员会一直在积极制定社会改革方案。1918年11月的大选中，所有政党都拥护"建立适合英雄生活的地方"的口号。然而，阻碍全面进行社会和经济改革的力量也很强大，财政部里的反对人数就不少。由于战时财政的重要性，财政部在政治上得到了加强，在战争结束后，决定不应该通过新的开支承诺和义务来破坏大规模的国家战争债务重组。然而，财政部关于平衡预算和恢复金本位制的正统观念，在政府政策纷争平息后不久就被奉为圭臬。在整个两次世界大战期间，正统理论排除了任何通过政府开支刺激经济复苏的可能性，事实上，财政部的政策是确保政府部门应该限制其开支水平。最初，财政部观点的影响力主要体现缩减人们所认为的雄心勃勃的战时社会和经济改革方案。其中包括战时普及中学教育计划的取消，以及大规模缩小全面公共卫生系统的计划。1919年的《艾迪生住房法案》确实更加接近实现重建的目标，至少在理论上是这样的。该法案指令财政部对于地方政府的超过1便士利率的所有建筑成本开支均予以报销。然而，事实证明该法案失败了，部分原因是没有尝试限制不断攀升的建筑成本，或引导私人建筑商转向公共住房计划，还因为该法案似乎向地方政府开了张空头支票。经常有人认为，在1918年至1920年期间，许多宏伟的战后重建计划被政府出卖了，而政府被描绘为"看上去立下赫赫战功的硬汉"[斯坦利·鲍德温（Stanley Baldwin）描述1918年议员重返议会的情形]。这可能是接近真实的评价，但它往往会忽略了一个事实，即许多左派人士当时对以国家为中心的福利计划深表怀疑。事实上，通过捐献或慈善捐助而非政府拨款建设医院的想法不论是在工会运动积极分子和地方上的工党政治人物中，还是在专业的医务工作者中都有大量的拥趸。此外，地方上的工党组织努力促使济贫法管理机构转型，可将其视为左翼在战后关注的是当地问题，而非全国性问题。在传统观点中，还有一种倾向是低估政府干预的程度，尤其是在试图抵消快速解除管制和复员的不利影响方面。例如，1919年放宽了对失业捐赠金福利的限制规定，因为工人威胁说要充分行使自己的权利。而1919年和1920年的租金限制法案极大地扩大了租金管制的范围，紧急战时立法加速了从地主到佃户的收入再分配。其中最重要的可能是，1919年3月，英国决定将英镑—美元汇率脱钩，放弃金本位制。尽管战后繁荣期间通货膨胀急剧上涨，但放弃金本位制使得英国政府仍承诺维持宽松的货币政策。可以公平地说，通货膨胀是可以容忍的，人们认为通货膨胀是值得付出的，可以平息社会动荡，确保数百万流离失所的军人和军火制造工人顺利回归到不断壮大的劳动大军。

1914年至1921年期间，英国的国家社会关系发生了翻天覆地的变化。对比政府对1914年至1918年间的大规模失业时期的反应，或许最能说明这一点。第一次世界大战开始时，政府似乎满足于依靠私人慈善机构（如威尔士亲王救济基金会）进行救灾，但到战争结束时，政府是否必须向全体失业工人和退役军人及其家属提供最低保障，在这一点上大家近乎没有任何疑问。正是这一点后来成为了两次世界大战之间社会付酬（social payment）的蓝图，而不是慈善救助基金或劳埃德·乔治（Lloyd George）1911年推出的有限平价保险计划。一旦对"要么工作要么吃救济"的原则做出承诺，即使并非不可能废除，但要想废除也是千难万难的。结果，英国爱德华时代的标志——绝对贫困大大减少了（有些人甚至认为彻底消除了），尽管在整个两次世界大战期间英国城市仍然存在贫困。

20世纪20年代的大规模失业实际上摧毁了失业保险计划的基础，在保险基金持续亏损的情况下，政府实际上抛弃了保险原则。1922年的《失业保险法》上有一项条款，规定只有"真正寻求全职工作但无法获得全职工作"的人才能获得长期福利，这实际上将已婚妇女排除在福利之外（Thane, 1996, p.164）。1922年开始进行经济情况调查，试图继续降低保险计划的成本，尽管工党政府于1924年取消了经济情况调查，但保守党于1925年又恢复了这一调查。1931年的联合政府①实施预算削减，部分原因是这届政府认为财政部的正统观念导致失业率上升，以及随之而来的福利金开支大涨。政府的反应是收紧资格标准，将福利减少10%，同时继续实施经济状况调查。在此期间，医疗系统的情况也好不到哪里去，因为丘吉尔削减了政府对医疗保险计划的投入，联合政府也在1932年实施了大范围的削减。

我们可以说，在第一次世界大战结束之后，经济环境极其糟糕，国家需要通过政府的"指导之手"来提供一定程度的福利，以使资本主义生产关系恢复正常，避免迫在眉睫的社会和经济动荡。一旦情况好转，恢复"正统"意味着许多改革可以逆转，或者在极端情况下将其停止。这里需要注意的是，工人阶级在受到高失业率惩罚的同时，他们在福利方面的预期也有所降低。

---

① 1931—1935年英国以麦克唐纳德为首组成的多党联合政府。——译者注

第二次世界大战后的经验

第二次世界大战使得世界经济出现了严重的混乱，也带来了战后重大经济发展。凯恩斯的影响深深地体现在布雷顿森林体系等战后监管机制的建立上，第二次世界大战结束时，一系列的社会、经济和政治因素相结合，创造了一个有利于在发达资本主义经济体采用凯恩斯政策的环境。和其他地方一样，在英国，人们认为经济可以由政府控制，政府牢牢地把控着经济，因此可以在必要时改变方向，以保持经济的高产出和高就业水平。1941年的预算中使用了凯恩斯的思想，是通过计划经济赢得战争的整体构想的一部分。因此，为取得战争的成功，必须获得资本和劳动者之间的合作。所以，在战争初期，许多经济和政治评论家以及政府顾问都认为，必须与劳工联合会（TUC）以及更广泛的劳工运动进行谈判，以确保国内经济的劳资之间没有冲突，从而为战时经济制定出可行的政策。双方在谈判中达成和解，劳工得到真正的物质利益，但要接受严格的管制，包括禁止罢工。至于资本，引入超额利润税，通过价格管制，而不是收入政策，来对通货膨胀进行一定程度的控制。尽管发生了战争，但工人阶级的状况仍得以改善。战争刚刚结束的时候，工党政府继续采用与劳工和解的政策，这主要是出于重建的需要。这包括国家与工业部门间展开合作与谈判，继续进行国家计划，并引入福利国家制度。

1942年的贝弗里奇报告（Beveridge Report）的基础是对战后将采用的社会政策的若干假设。其中包括提供全面的医保制度，制定家庭津贴计划和维持充分就业。该报告设计了一套普遍性的社会保险制度，雇员、雇主和财政部以统一的费率每周缴纳强制性国家保险。该报告中的大多数建议在1944年的社会保险白皮书中都获得采纳，该白皮书后来演变成为1946年的《国家保险法》和1948年的

《国家援助法》。1946年的《国家健康服务法》也以1944年的白皮书为基础，建立了一个全面的医疗保健系统，免费享受医保服务，主要由大众税收提供资金。于是，1948年7月5日，这些法案生效，迎来了福利国家时代。[2]

表13.1 1900—1995年福利开支

年份（年）	GDP百分比（％）	开支（10亿英镑[a]）
1900	2.60	3.60
1910	4.16	5.60
1921	6.36	8.80
1926	8.08	10.90
1931	10.79	15.30
1936	9.16	17.00
1941	5.57	12.70
1946	8.00	16.20
1951	11.19	28.00
1956	11.52	33.50
1961	13.17	43.70
1966	15.22	58.10
1971	17.27	75.10
1976	21.28	102.70
1981	22.28	112.00
1986	21.85	130.50
1991	22.61	147.00
1995	23.96	169.80

[a] 按照1995/1996年价格。
来源：Glennerster and Hills(1998), Tables 2A.1 and 2A.2。

表13.1说明20世纪下半叶福利开支快速增长，尤其是最后20年增幅特别大。与此期间所采取的政策形成对比，实际上，过去30年

中反复出现的主题是人们一直希望缩减福利法案的规模。这就形成了一个悖论。资本主义的生产方式要求存在一支劳动后备军,而按照福利国家的规定,工人阶级的期望是这样的:组成劳动后备军的人从那些受雇人所缴纳税收中获得供给。国民医疗保健系统(NHS)还对能够和应该提供哪些服务提出了期望。在这里,技术进步有助于不断增加可提供的服务,同时预期寿命也不断提高,对应提供服务的期望也在提高。此外,在教育方面,引入更复杂的技术需要更多训练有素的劳动力,因此需要受过更多教育的劳动力,提高了对教育系统的期望,所以有更多的人期望接受大学教育。表13.2列出了这些领域的开支增长情况。

表13.2 按职能划分的一般性政府实际开支

(单位:10亿英镑,按1997年价格)

	1987年	1991年	1995年	1996年	1997年
社保	96	109	113	132	131
健康	33	37	43	44	44
教育	12	15	17	16	16

来源: Office of National Statistics(1999),Social Trends,Table 6.22,p.116。

工人阶级的期望

战后伊始,主要是出于重建的需要,工党政府延续了在战争期间启动的与劳工的和解。这包括国家与产业之间展开合作与谈判,继续推行国家计划并引入福利国家。大公司的利润普遍比以往要高。但由于赋予大公司的权力太大,中小型公司的业绩并不好。与国家的这种密切合作导致了为工业服务的官僚机构的增多。然而,1951年,保守党在政府选举中获胜,使得这一进程突然中止,保守党政府开始实施经济自由化,不再继续推行加强版的凯恩斯主义,并迅速转向弱版的凯恩斯主义。但是,两个重要的变化已经出现:第一,由于采取了维持充分就业的政策,从而提高了生活水平,工人阶级期望的性质发生了根本变化;第二,由于引入福利国家而导致的变化。这种变化可以说是公民身份制度化的发展,它重视社会权利,即经济福利和保障的权利,包括在任何特定时间分享社会最高物质标准的权利。这对就业有着特殊的意义,由此要求变成了权利,随之难题就变成了不管是否承担得起都得承担。然而,即使在重构"正常"的生产关系时,市场条件不允许充分就业,工人继续要求把就业作为一种权利,会产生什么后果呢?因此,国家的立法作用就成为繁荣的保障之一,就业权和享受福利的权利也就成为社会权利。[3] 这就造成了一个两难的局面,因为只有持续的经济增长才能满足不断增长的需求。在国家采纳这些想法的同时,保守党政府已经开始从强版的凯恩斯主义退出,这恰恰是卡莱斯基所描绘的场景:要么转向强版,要么通过高失业率定期约束工人阶级,压低工人阶级的预期。鼓励恢复自由贸易,英镑再次成为世界主要货币之一。但追求包括福利国家在内的国内政策,同时以这种方式在对外政策中使用英镑,是矛盾的,导致了国内政策的妥协。国家不再是社会福利的立法保障者,弱版的凯恩斯主义根本无法提供所承诺的商品。

到20世纪60年代,人们清楚地看到,以凯恩斯主义政策为基础的表面上的经济成功,不一定会持续到未来。在整个战后重建期间,通过让美元成为世界货币,美国发挥了至关重要的霸权作用。20世纪60年代,为了给越南战争提供资金,美国扩大世界上的美元供应,从而给其他货币带来了严重压力,特别是德国马克。美元的世界货币地位被削弱。布雷顿森林体系提供了相对稳定的汇率,是战后经济稳定和监管的主要标志,但在20世纪70年代初崩溃了。20世纪30年代的浮动汇率又回来了。1973—1974年石油价格上涨造成不稳定,环太平洋沿岸国家实力不断增强,这些因素一起威胁到了已确立的世界经济秩序。越来越明显的是,弱版的凯恩斯主义没有发挥作用,形成了理论真空。西方经济体发现自己在艰难应对高失业率和产出停滞等问题,所以各国政府转而采用货币主义之类的信条,这是回归到20世纪30年代的政策或财政部的观点,近乎毫无遮掩。这一点在英国尤其明显,英国从1976年开始在工党政府的统治下发展了货币约束下的凯恩斯主义,并且在1979年至1982年的撒切尔保守党政府统治下推行全面的货币主义,以及延续至今日的财政部正统理论。

政策的这种变化反映了资本主义生产关系的重新确立,以及经济自由化的必要性。此举的一个直接结果是,政府放弃了维持充分就业的承诺,以便将权力交还给资产阶级。然而,福利国家的存在要求经济持续增长,以提供日益提高的生活水平和充分就业,并创造实现社会保障、医疗和教育预期所需的税收收入。此外,经济自由化加剧了收入分配的不平等,从而在社会安全网方面对福利国家造成更多压力。自1979年以来出现的收入不平等上升幅度,在英国战后时期是前所未有的,其中最贫困人口的比例从1961—1963年间的3.7%下降到1991—1992年间的2.9%,而在同一时期,最富人口的比例从21%增长到26%(Goodman et al., 1997, p.112)。在过去20年中,大规模失业卷土重来,使得不平等情况日趋严重,但现在对经济的影响,从已经出现的悖论来看是显而易见的:福利国家的存在需要充分就业和经济增长,但是,如果没有庞大的劳动后备军,资本主义生产关系就无法提供经济增长。因此,要么经济必须回到战后最初几年的强版凯恩斯主义,鉴于国家和国际经济的条件不同,这一前景是不切实际的;要么必须通过"道德再教育"大大降低工人阶级的期望。后一种情况是自1979年以来由历届保守党政府都延续的过程,并且目前的工党政府仍在继续推行。对福利国家而言,这要求个人在私人养老金计划、私人医疗保险、冗余保障险和高等教育学费支付方面要自己多承担一些。其论点是，个人应该推迟当下的消费来为自己的福利负责，为未来的不确定因素作好准备，减轻国家的负担——国家不再承担集体责任。这一战略提出了进一步的问题，即由于需要的劳动后备大军无法为了个人保险而推迟消费，福利国家的安全网仍然是必要的，这反过来又要求就业者必须通过税收来缴纳。然而，随着纳税人开始质疑他们为什么一方面要为福利作出贡献，同时又必须为自己购买保险，福利国家的确切性质变得更加透明。政府财政承受的压力在公共部门净现金需求中显示的收支差距自动表现出来，如表13.3所示。[4]

表13.3 公共部门净现金需求

（单位：百万英镑）

1964年	982
1967年	1846
1970年	−219
1973年	4069
1976年	8911
1979年	12750
1982年	5347
1985年	7625
1988年	−11460
1991年	7006
1994年	39342
1997年	11846

来源：Office of National Statistics（1998）*Economic Trends*，*Annual Supplement*，Table 5.4, p.236。

因此，随着资本主义生产关系的重新确立，不平等现象的加剧，以及劳动后备军的增加，对战后重建时期的历史遗产——福利国家产生了直接影响。因此,政府面临的问题是,一个在早期对获得工人阶级支持至关重要的机构,变成了一块磨刀石,挂在了自由市场的脖子上,并使得剥削制度愈发透明。只有继续瓦解福利国家体系,经济上层建筑才能回归到自由资本主义得以存活的格局,至少在短期内如此,但这需要迅速转变工人阶级的期望。

"第三条道路"的不足之处

对于所谓的"第三条道路",其倡导者认为,福利国家需要对市场的运行有一套明确的运作界限,促进某种形式的社会凝聚,从社会结果的角度进行监管,并通过某种形式的分级出资来筹资,这样有些人可以支付高于最低救济金的费用,以保证自己获得更高的保险(Hutton, 1996, pp.309-310)。这些倡导者认为,虽然应该继续发放失业救济金,但应该规定限制性条款,迫使个人积极寻找工作,国家应该在个人失业一段时间后提供"有意义的"工作。对这些评论人士来说,福利国家的改革涉及国家和资本家在福利的产生和分配方面的合作,即所谓的"社会投资国家"和"正福利"(Giddens, 1998)。尽管"第三条道路"的含义很难表述清楚,但至少有一个定义可能是"……这是一个更强调社会凝聚力、公民意识、混合经济和高投资的欧洲模式"(Hutton, 1996, p.337)。然而,这一政策的目标是相互矛盾的。因为资本主义生产关系需要能够进行劳动剥削和资本积累的环境。故而从长远来看,政府和资本家之间不可能达成妥协。这些人主张回归到过去已经失败并且将来也会失败的社团主义模式,不是因为有关个人意愿不足,而是由于资本主义制度本身的动态性。例如,正如我们所看到的那样,只有在符合资产阶级利益的情况下,才会容忍充分就业。同样,福利国家不可能成为某种资本家和国家共同建设的资本主义慈善组织,因为这与资本家需要不平等来刺激工人阶级提高生产率的需求不兼容。也因为垄断资本主义的全球性，个体资本家必须与那些不以投资社会福利为前提条件的人相竞争。从很多方面来说，这些政策的推广让人想起了上面描述的19世纪末的做派。

因此，"第三条道路"这个说法表明，它既不是资本主义，也不是社会主义，而是一个混合体，试图克服资本主义市场经济的社会问题，同时内化社会市场的经济问题。现实情况是，不可能通过这种方式改革资本主义生产关系，在这样一个"民主"的架构中，国家也确实没有能力进行必要的改革。因此，"第三条道路"的倡导者正在试图重振一种模式，这种模式似乎在第二次世界大战后资本主义经济的重建方面取得了成功，但半个世纪后，处在完全不同的国内环境和国际环境下，则无法复制。该模式忽视了一个事实，即经济不是一张白纸，能够印上成功的蓝图。我们不是生活在罗尔斯（Rawls）所说的原始状态，社会契约可以谈判，就像我们都在子宫发育一样。事实上，20世纪末的资本主义正处于另一场危机的边缘，福利国家的遗产加剧了这场危机，如果说"第三条道路"是社会民主派对即将到来的危机做出的反应，那么，往好了说，它在智力上不如上一次社会民主党对危机做出的反应，往坏了说，它寻找解决方案的方向是完全错误的。

总结

福利国家的危机本身就是资本主义危机的产物。之所以存在危机，是因为战后重建需要和劳动者达成和解。然而，随着资本主义生产关系卷土重来，福利国家本身却为资产阶级所深恶痛绝。从一开始，这就是一个巧妙的骗局，确保所提供的福利由工人阶级自己全额支付，以换取对充分就业的承诺。当不再那么需要工人阶级的支持时，这种政策优先事项被推翻，以回归到资本家所要求的环境，即把失业作为约束工具。然而，由于工人阶级的期望得到了巩固，福利国家的遗产仍然存在，很难被消除。这使得国家面临着不可能的任务，要么对就业人员加税，要么削减社会保障、医疗和教育的福利水平。加税将降低消费，导致实现问题，而削减至少在可预见的未来是行不通的，原因还是历史上产生的工人阶级的期望。因此，有人可能会辩称，两次大战期间面临的问题重新浮出水面，但福利国家的复杂性和资本主义的垄断性也随之加剧。

14
结论

在探讨本书的中心内容时，我们一直在试图搞清楚马克思主义政治经济学的方法对当今社会是否还有指导意义？毕竟，自从卡尔·马克思在19世纪后半叶开始着手撰写政治经济学以来，社会已经发生了天翻地覆般的变化。要从经济、哲学和政治学思想等多个领域，从对马克思的方法的理解，以及对该马克思理论所处框架的有效性的认知上寻找答案。然而，可以看出，马克思以外的理论，充其量只是部分分析，往坏了说，歪曲了资本主义经济所涉的现实。因此，可以看出，作为对资本主义的批判，马克思主义政治经济学对资本主义整体的考察在逻辑上是连贯的一致的，它实事求是地考察了资本主义整体内各要素的作用。新古典主义学者采用了一系列假设，如完全竞争、不对称知识，以及规模收益不变等，但这与所观察到的事实不相符。此外，新古典主义学者采用的效用度量标准不适合个人，更不用说整个社区，还忽视了时间要素，从而将理论和政策建立在这些不可能的结构上。另一些人则试图建立一个基于自由市场的经济模型，并引入国家干预来克服不受约束的市场体系所带来的反社会后果，但却没有将市场体系自身存在的矛盾纳入其中。他们欠缺的是一个将整个体系、体系的矛盾、体系的互动和动态性质均纳入其中的分析框架。因此，说他们的分析是部分分析，是符合事实的。自然，他们所开出的政策处方在应用中也只能是以偏概全。所以，我们有理由认为，马克思所采用的方法更高一筹，因为马克思使用了辩证法，因此能够将资本主义生产方式的本质动力、历史理论和历史唯物主义融入其中。

故而，要理解一个社会，就通过生产关系发展的方式以及阶级关系的发展来理解那个社会的经济结构。在此基础上，政治上层建筑伴随着确定的社会意识形态出现了，以确保统治理念源于统治阶级，即所谓的思想体系。由此可以得出，生产关系随着时间的推移而变化时，上层建筑也随之发生变化，而不是像新古典范式一样对个人进行建模，然后将结果与整个社会联系起来。要理解社会的单个方面就要先理解社会结构的整体性。因此，马克思主义的理论框架是动态的，它的使用可以跨越时空。因此马克思给我们提供的方法并不局限于19世纪晚期，现在它仍然适用。逻辑上一定如此，因为驱动力是历史，而历史是无法预知的。因此，从这个意义上，我们可以说马克思主义政治经济学的分析模式仍然具有现实意义。

马克思将价值理论作为解释经济和社会条件的重要工具，并强调经济范畴的历史相对性。所以，价值关系是资本主义社会特有的，并且价值本身就是一种社会关系。商品生产者通过产品交换在商品之间建立了量化关系，交换价值显示了商品生产的社会特征。由于商品可以还原为都是劳动产品这一共同属性，商品的价值可以用劳动时间（即社会必要劳动时间）来衡量。有了这个理论构建，可以显示剩余价值是如何从生产中得到的，因为对资本家而言，劳动力的使用价值大于其交换价值，通过剥削过程，资本家可以占有劳动者创造的剩余价值。如果我们了解了经济结构的首要性，进而充分认识了资本主义制度的整体性，那么必然能得出上面的结论。孤立地看一家公司，这是不合逻辑的，但单个公司并不代表整个经济。

对马克思主义模式的主要批评涉及所谓的"转化问题"，但正如我们所看到的，对那些希冀找到"完整"解决方案的人，以及那些希望证明解决方案根本不存在的人，整个争论可以用"复杂的迂回"来解释。关键的一点是，马克思不是通过数学运算来说明每一个价值和每一个剩余价值都可以转化为一个价格和一定量的利润，或者说，把所有的都加起来后，价值等于价格，剩余价值等于利润。相反，它是一种机制，使马克思能够说明，在资本主义生产模式下，劳动力的价值如何"转化为工资"，剩余价值如何"转化为利润"的。因此，马克思自己提出了一个"完整的"解决方案，表明价格只是价值的外在形式，是流通价值的对应物，而这绝非是马克思模式的根本性错误。同样，之所以产生诸多困惑，是因为马克思在《资本论》中使用了不同程度的抽象概念，使得有些人感觉有些不能前后呼应。但这里有两点需要重申。第一，马克思把这些不同的抽象作为其整体方法的一部分，我们将其称为马克思现实主义，依照马克思想要说明的问题而有所变化。第二，《资本论》三卷之间存在的所谓的不一致，很有可能是因为恩格斯在编辑马克思留下的手稿时遇到了难以辨识的地方。价值转变为生产价格，剩余价值转化为利润，在逻辑上是来自资本主义生产关系的本质。它揭示了价值在逻辑上先于价格，剩余价值在逻辑上先于利润，因为价值和剩余价值是产生于生产过程，价格和利润产生于流通过程。从这个意义上来说，我认为是不存在转化问题的。因此，至于是否可以用少量几个部门就可以在数学上推演出来，或者实际上是试图对整个经济进行建模，与我们所探讨的主题都毫无关系。关键不是要证明是否可以做到转化，而是要揭示，作为整体把握资本主义生产方式动力的一个手段，转化发生的机制是什么。

还必须将资本主义的动力理解为一个历史过程，其自身的发展经历了一系列的阶段，这些阶段可以通过其特定形式的财产关系加以区分。这些发展阶段中存在着无法克服的矛盾，早期的社会形式因此崩溃了，资本主义也就随之形成。这与辩证法的正题—反题—

合题性质有关，财产关系的每次转化都产生了新的社会关系结构。因此，鉴于生产力的历史发展，资本主义的经济结构来源于封建生产方式的缺陷。因此，重要的是，要认识到资本家是通过何种方式拥有生产资料的，马克思指出原始积累中的主要手段是盗窃、海上抢劫和奴隶制。英国为了推进原始积累，为工业提供充足的廉价劳动力，是如何人为地圈地的？对这个问题有很多争论。马克思似乎又一次被误解，觉得马克思认为英国政府有意识地进行立法，为农业资本家占有生产资料，为工业资本家剥削城市无产者铺平了道路，从而扮演了帮凶的角色。事实上，马克思所指的不是有意进行的决策过程，而是历史发展过程使得不得不如此决策；并不是所有的土地都是通过《议会法案》圈占的，必要时，不管有无议会的批准，都会圈占。原始工业化的论点往往将此置为背景，说明从封建主义到资本主义的变革过程是如何在几个不同的层面上发生的，但由于部门和地区的不同，在速度上有所不同。因此，原始工业化的论断，虽然不足以证明马克思主义模型完全正确，但非常有助于理解因社会制度所固有的矛盾不得不从一种生产方式转变成另一种生产方式的过程。因此，同样地，马克思用简单和扩大再生产模型解释了资本主义的动力，这里必须重申，马克思不是在研究资本主义的增长过程，而是在揭示，即使使用资产阶级经济学的理论，也可以证明价值在逻辑上优先于价格，剩余价值是在生产中创造的，因此在逻辑上优先于利润。可能乍一看，这与当代资本主义的相关性似乎并不明显。但如果资本主义中显而易见的矛盾要导致资本主义的毁灭，那么从它毁灭的灰烬中将诞生出一种不一样的，适合当时情况的财产关系，而且这种生产关系不一定是武装冲突的产物。[1]

资本主义生产方式所固有的矛盾涉及生产的日益社会化，以及随之而来的剩余价值占有的日益集中。这是因为必须用新技术替代劳动力，不是单个的资本家，而是资本主义制度在整体上普遍要求这样做。[2]鉴于失业是长期维持最低生活水平工资的关键因素，这一过程确保了劳动后备军的规模，反映了资本家维持剩余价值水平所需的必要权力。但是，由于价值是由劳动创造的，那么雇佣的工人越少，所生产商品的价值就越低。此外，由于竞争，个体资本家必须紧跟创新者才能生存，所以出现技术性失业，劳动后备军会因此增多，价值实现问题变得更加尖锐。因此，作为个体，资本家试图提高自己的剩余价值。但由于资本主义制度所固有的竞争性，资产阶级获得的剩余价值却减少了。这个结果符合资本主义生产方式的逻辑，因为引入节省劳动力的技术，成功地提高了生产力，由此产生的矛盾引发了资本主义危机。随着时间的推移，利润率越来越低，就出现了危机，这一趋势是资本主义周期性的重要因素。

为了维持最低生活水平的工资，需要存在一支劳动后备军，显然20世纪的情况就是如此。所谓的20世纪50年代高就业率的"黄金时代"，是一个插曲。这个插曲从事实上证实了需要存在一支劳动后备军这一论断。充分就业期间发生在第二次世界大战后经济重建的关键时期，为了顺利完成这一任务，必须与劳工达成和解。资本家作为一个阶级，在没有国家干预的情况下是无法承担这项任务的，但一旦完成了这个任务，"正常"的生产关系就会重新建立，而劳动后备军再次成为必需。卡莱斯基分析认为仍然需要对工人阶级进行管束，因为在高就业率下，解雇不再产生足够的威慑，不再是约束性工具，权力相对转移到那些能够更成功地讨价还价以提高工资和改善工作条件的工人身上。因此，在高就业时期，产业工人的骚乱也达到了高潮，因为有工作的人不太容易感受到随时准备取而代之的劳动后备军所带来的威胁。[3]有几种失业理论已经开始接近这种分析，甚至一些新古典主义理论也对其中涉及的权力关系有了隐晦的理解，但这些理论往往将此与整个社会制度割裂开来看待。正是在这个层面上，马克思主义政治经济学似乎不仅有一个清醒的失业理论，而且还有一个理论可以解释为什么必须为资产阶级的需要维持一支劳动后备军，并且这样做一定会导致资本主义制度出现危机。虽然在所有先进的工业国家中，失业率尽管伪装成各种样子，仍然是一个庞大且日益严重的问题，因此马克思政治经济学具有重要的当代意义。[4]我们看到资本在垄断资本主义阶段的积累和集中程度日益提高，资本主义生产愈发全球化，失业率成为一个让人关切的问题。这一现象并不新鲜，但近年来逐渐被称为全球化。一些评论家认为全球化代表了在福特制、后福特制和日本化等出现的新的调整范式。但是，我们可以看出，地区市场扩张成为国家市场，随后，扩张主义确保其走向国际市场，这在逻辑上来自资产阶级的需要和资本主义的竞争性。在这其中，相互竞争的力量确保了处于早期发展阶段的帝国主义成为跨国公司型垄断资本主义。马克思的分析似乎再一次展示了当代意义，因为它更能够解释这种全球化的出现方式及其对国家作用的影响。例如，吉登斯（1998）认为，现在国家的作用是合作和协调政策，这在许多方面可能是真的，因为国家必须确保提供资本主义能够蓬勃发展的环境。如果资本主义是全球性的，那么单单一个国家是不能保证这样的发展环境会出现的。然而，与此同时，国与国之间却矛盾重重，因为这些国家既想让现有的跨国公司留在本国，同时还要吸引新的公司。这是因为如果跨国公司决定将业务转移到别国，会对母国的经济产生很大的影响。同样，转移业务的决定可能会对本地经济产生严重影响。对于这些大型跨国公司来说，国籍和对国家的忠诚的概念已经消失，这些公司通常是企业集团，在全球经济中与其他同类型的公司展开竞争。因此，尽管要求国家予以配合，但国家也必须努力确保这些大公司继续留在本国经济中，而这一目标正越来越难以实现。

国家还必须应对国内日益严重的问题，即如何为不断增长的福利供应提供资金，而资本主义不仅需要大量的失业者，还需要受过高等教育、身体健康的劳动力。因此，战后与劳动力所达成的和解这一遗产，进一步加剧了马克思所强调的矛盾，并在福利国家中引发了一场危机，而这种危机的解决方案在政治上是让人难以接受的：要么加税（这会降低消费），要么改变提供福利的方式。至少在短期内，这两个方案在政治上都是不可接受的。并且考虑到当前工人阶级对国家应该提供的权利的期盼，对工人阶级的道德再教育将需要很长的时间。因此，战后重建时期采取的政策出现了两个方面的问题。一方面，使得失业率日益升高，同时加剧了社会的不平等，这是资本主义生产关系的必然结果；另一方面，国家承诺通过税收提供公众所接受的福利，而税收主要由受雇人员承担，并且以间接税的形式由全体工人阶级承担。从而使得资本主义危机日益加剧。另一个必须提出的问题是，各国都在争夺跨国公司参与其经济的前提下，全球经济是否能够承受得起福利国家这一重担？那些处于早期发展阶段的经济体可能具有竞争优势，如低工资、低税收，政府没有因提供复杂的福利服务所导致的日益增长的财政压力。

因此，马克思主义政治经济学的方法独特，对于解释资本主义历史上的过往事件，以及阐释其当代趋势上，似乎提供了更加清晰的更合逻辑的分析。我们认为，无论是与为资本主义制度辩护的新古典主义，还是与企图绥靖的社会民主主义相比，马克思主义对资本主义的批判更加令人信服。因此，无论是作为一种分析当代资本主义的框架，还是作为一种提高社会对资本主义剥削性质认知的方法，马克思的理论都让经济学家、哲学家、社会学家和政治家获益良多。

注

1 绪论

1 1994年，有15.14亿人处在年收入370美元的贫困临界线之下，世界银行将此定义为总贫困人口，而人均收入每年低于275美元为4.28亿人（Atkinson et al., 1998, p.156）。此外，在全球总人口中，大约60%生活在低收入经济体中，其收入只占全球收入的6%，但生活在富裕的工业化经济体中的25%的人口却占有了全球收入的77%（Thirlwall, 1994, p.13）。

2 资本主义制度中的经济民主概念，不应与政治民主混为一谈。如果政治民主是指人人都有同样的选举权，那么对经济民主而言就并非如此。在经济民主中，选举权（即货币单位）的分配不均，因此，对生产而言，富人的需求要优先于穷人的需求。例如，流落街头的人需要住房；建筑业中有大量工人失业；资本是以未售出的砖块的形式提供的；土地是闲置的，由纳税人按照"预留"予以补贴，因为作为欧盟共同农业政策的一部分，土地上什么东西都不能种植。因此，需求是存在的，稀缺资源是闲置的，但由于无家可归者没有经济选举权，因此被剥夺了经济体系中的权力，"市场"因而无法发挥作用。

3 这种困惑在很大程度上是因为，尽管《资本论》第一卷出版于1867年，而当马克思于1883年去世后，弗里德里希·恩格斯（Friedrich Engels）不得不将这些几乎无法辨认的手稿汇编成第二卷后于1885年出版。马克思还远未写完第三卷，但恩格斯再次进行了编辑并于1894年出版。此外，马克思所设想的第四卷关于经济思想史的内容，也以"剩余价值理论"为题在第三卷中出版。

2 马克思的方法

1 "矛盾"一词在这里并不是指逻辑错误，而是指内部冲突力量，它们改变了自己所属的实体。因为马克思使用了黑格尔式的术语，这引起了对马克思著作的诸多误解。

2 对争论进行了有意义的总结并提供了另一种解释，请参见约翰·罗森塔尔（Rosenthal, J.）《辩证法的神话：重新诠释马克思—黑格尔关系》（1998）（*The Myth of Dialectics: Reinterpreting the Marx-Hegel Relation*, Macmillan, 1998）。

3 在这种背景下，马克思探讨了资本主义萌芽时期这一概念，这一时期人类正在努力理解资本主义生产方式中普遍存在的生产关系的真实本质。

3 价值理论

1 在这一点上，乔安·罗宾逊认为"现今的经济学家小心翼翼，以避开这种幼稚。他们把效用当作序数，而不是基数（许多人还在进一步改进），也就是说，他们认为消费者通过竞争性评价来购买商品，并选择那些得分最高的商品"（Robinson, 1969, p.389）。

索耶解释说，已经成为新古典正统观念的序数效用法表明这样的效用是不可测量的，但两种产品的价格比将等同于两种产品之间的边际替代率（Sawyer, 1989, p.227）。

2　布鲁尔（Brewer, 1984）认为，自给自足的公社在没有市场交换的情况下也可以存在，与此同时，也没有劳动分工，而鲁滨逊·克鲁索，即便没有仆人"星期五"，也能够在没有分工的情况下构建有用的劳动。

3　马克思并不是说商品实际上会按照与其相对价值成正比的比率进行交换。总的来说，在《资本论》第一卷和第二卷中，马克思为了简化而假定价格与价值成正比。在第三卷中，他放宽了这一假设，以解释价格如何与价值相关联。

4　这表明，考虑到资本主义的发展水平，最低生活水平将随着时间的推移而发生变化。因此，维持最低生活水平的工资的真正含义是能够使劳动者的家庭处于当代社会可接受的一般生活水平。它不用来提供固定的生活标准的固定的收入水平。

5　虽然现代经济学中的"商品"一词在这一背景下被用作产品或货物的同义词，但对于马克思来说，产品和货物是使用价值，而产品只有在体现了社会关系时才获得"商品"的形式，这就是价值的社会关系。因此，对于马克思来说，产品是物质性的，获得了商品的形式，这是一种抽象，就像在资本主义生产方式中一样，资本的社会关系体现在物质的东西中。这种以实物形式呈现的社会关系概念被马克思称为"商品拜物教"。

6　多年来，关于生产性劳动力和非生产性劳动力之间的区别，以及它与劳动价值论的相关性，一直争论颇多，没有结果。（Cf. Gough, 1979; Laibman, 1992, 1993; Moseley, 1986; Houston, 1997; Mohun, 1996）

4 马克思对古典政治经济学的批判

1 正如我们在第三章中所看到的，在资本主义生产方式中，这个过程可以用 M-C-C′-M′ 来描述，但在简单商品生产中，是 C-M-C。

2 流动资本是指在单个生产期内得到充分利用的那些投入，而固定资本是指在几个生产期间发生折旧的那些投入。

3 萨伊定律认为，就 M-C-C′-M′ 的循环过程而言，在所有情况下 M′ = C′。

5 转化问题——复杂的迂回路线

1 拉蒂斯劳思·冯·博特凯维奇（Ladislaus von Bortkiewicz）在1906—1907年撰写了两篇关于转化问题的文章，最初发表于《社会科学和社会政策档案》第二十二和二十三卷（*Archiv fur Socialwissenscaft und Sozialpolitik*, vols. XXⅡ and XXⅢ）以及《国民经济统计年鉴》（*Jahrbuche Nationalokonomic und Statistik*）中。这两篇文章被翻译成英文，并作为斯威齐所编辑的《卡尔·马克思及其体系的崩溃》[Sweezy, P. M. (ed) (1949), *Karl Marx and the Close of his System*, New York, Augustus Kelly] 一书的附录。

2 德赛（Desai）（1979）认为这个定理是由置盐信雄（Okishio）（1974）、森岛通夫（Morishima）（1974）和沃夫斯岱特（Wolfsetter）（1973）提出的；霍华德（Howard）和金（King）（1992）认为该定理实际上是格奥尔格·冯·弗里德堡（Georg von Charasoff）在1909—1910年间首先提出的，早于塞顿（1957）。

3 参见 Hodgson（1982）。

4 事实上，森岛通夫（1974）看到马克思和瓦尔拉斯作为一般均衡理论家之间是存在关联的。"的确,马克思的再生产理论和瓦尔拉斯的资本积累理论被尊为一般经济均衡现代动态理论之父"(Morishima,1974,p.2)。

6 资本主义动力学

1 英国历史上这一幕与1868年明治维新之后日本武士的命运之间存在非常明显的相似之处。然而,解散日本这类封建家臣阶级在许多方面是有利于日本经济的,不仅仅是增加无产劳动者的数量。有人认为,它在经济的三个主要分支——政府、金融和工业——中形成了文化和道德问题相同的三方国家的基础。这使得日本经济能够发展资本主义生产关系,利用儒家等级制度和国教(神道教)的武士道德准则将工人阶级置于公司型国家(即发展型国家)内。

2 可能当时最有影响力的著作大概是J.L.哈蒙德(J. L. Hammond)和B.哈蒙德(B. Hammond)于1911年出版的《农村劳动者》(*The Village Laborer*)。同类主题中其他有影响力的著作有吉尔伯尔·斯拉特(Gilbert Slater)的《英国农民和公地的圈占》(*The English Peasantry and the Enclosure of Common Fields*)(1907)和R.H.陶尼(R.H. Tawney)的《十六世纪的农耕问题》(*The Agrarian Problem in the Sixteenth Century*)。(如欲获得自1920年以来圈地运动文献的更深入分析,请参见Mingay,1997。)

3 这并不是说这是资产阶级出现的唯一一种方式。随着更多的国家市场的出现,农业向资本主义农业转变,意味着一些工匠就像一些地主阶层的后代一样也变成了资本家。

4 仅这一点就可以写很多东西,但处于革命时期的俄罗斯只是一个新兴的资本主义国家,这是列宁承认的事实。他认为经济应该通过资本主义"引导",直至为社会主义做好准备,因此寻求重新引入市场交换/私有财产和企业家精神。不幸的是,列宁于1924年去世,这一新经济政策只能处在其早期阶段,苏联的历史改变了方向,转向重工业化,以及斯大林主导下的经济增长大推动。

7 资本积累与技术变革

1 这里需要注意的是,这实质上是假设系统没有技术上的变化。

2 就个体资本家的动机和目标的社会学性质而言,与鲍莫尔相关的管理理论在这种背景下非常相似。

3 新古典经济学也有一个基本的假设,即资本家的利润最大化动机。

4 价格领域也必须如此,因为如果一个资本家进行创新,以更低的成本生产,那么这个资本家仍然可以按照自己的生产价格出售商品,从而获得"超额"利润。

8 利润率下降趋势与产品实现危机

1 萨阿德-菲略(1993)以及法因和哈里斯(1979)都提到了缺乏对资本构成三个概念重要性的认识。

2 莫斯利(Moseley)(1997)在这一点与格林(Glyn)观点相异,莫斯利认为20世纪70年代利润水平的下降与非生产性劳动力就业的增加有关,过去10年中利润水平的恢复,与此同时非生产性劳动力的相对增长也放缓了。过去的30年里,一直存在争论,早期的一些重要文献有格林和萨克利夫(Sutcliffe)(1972)、威斯科夫(Weisskopf)(1979)、沃尔夫(Wolff)(1986)、莱伯曼(Laibman)(1993)和莫斯利(1992)。

3 克拉克（1994）注意到，马克思在与恩格斯的通信中，确认了自己对固定资本置换周期的周期性上所持的工业主义观点，并在评论周期的历史相关性时考虑到了这一点。

9 米哈尔·卡莱斯基和皮埃罗·斯拉法

1 例如，蒙吉奥维（Mongiovi）认为，斯拉法毕生所致力的理论项目，从1925年起，关注的是能够解释管理资本主义现实的法律的机构的发展（Mongiovi, 1996, p.222）。克尔认为卡莱斯基的著作是马克思的思想在当代形势下的应用，试图用"其历史上特定的形式"来解释资本主义的矛盾（Kerr, 1997, p.45）。对此情景，也请参阅罗宾逊（Robinson）（1980, ch.5）、哈科特（Harcourt）（1996, ch.15）以及哈科特（Harcourt）（1982, PartⅣ）。

2 这句话通常认为是卡莱斯基所说，但乔安·罗宾逊在讨论总实际利润的确定时表示："这一点用卡莱斯基的总结为（我没有在英语版中找到）：工人们花掉了工人得到的，而资本家得到了资本家花掉的"（Robinson, 1973, p.89）。然而，索耶在探讨同一点时表示："这……产生了著名的格言，即资本家赚取了资本家花掉的，而工人则花费工人所赚取到的"（Sawyer, 1985, p.73）。

3 哈科特写道，"这是一种典型的斯拉法风格，与众不同、乐于助人，墨索里尼囚禁葛兰西时，斯拉法在米兰书店为葛兰西开设了无限制的信用账户"（Harcourt, 1982, p.199）。

4 同上。

5 如果产量有变化，规模报酬不变将是显而易见的，但斯拉法不考虑这种可能性。

6 这是斯拉法采用的系统中较为复杂的一个方面，但并不是最复杂的。

10　垄断资本主义

1　垄断的形式要么是纵向、横向，要么是联合企业集团，根据资本主义发展水平的不同，更多地强调一种特定的形式。例如，产品渐渐过时，生产这些产品的公司会通过集团收购来寻找其他生产领域并实现多样化。因此，在资本主义生产关系的后期阶段，这种形式的兼并往往比垂直或横向的合并更普遍。

2　在探讨食利者时，列宁将这个阶级描述为资本主义制度的寄生虫，依靠其他人的生产活动生活，而食利者自己却什么都不做，只需将自己的票证剪个孔，意思是兑现所持股份的分红。列宁没有进一步在理论上展开论述，但我们可以认为，列宁指的是从世纪之交开始的大规模股票增持，因此也指的是这个寄生阶级中不断增加的成员。

3　例如，阿龙维奇（Aaronovitch）和索耶（Sawyer）（1975）、汉娜（Hannah）和凯（Kay）（1977）、钱德勒（Chandler）（1990）、萨博（Supple）（1991）、瓦尔社（Walshe）、《手工艺和护林员》（1991）以及梅尔瑟（Mercer）、琼斯（Jones）和科尔比（Kirby）（1991）。

4　据估计，到1914年，长期海外投资总额已达到440亿美元，其中三分之一是直接投资（Michie and Grieve-Smith, 1995, p.141）。

5　参见 O'Brien（1992）and Ohmae（1990）。

6　参见 Panic（1988）、Auerbach（1988）and Kozul-Wright, in Michie and Grieve- Smith（1993）。

7　这并不是说吉登斯在其阐述中始终引用马克思主义的分析。他当然没有，但更为连贯的论点将在本质上包括这样一种观点，即政府随着经济环境的变化而发生变化，而不是按照社会民主主义的理想，即政府是推动变革的力量。

11 失业

1　20世纪50年代，伦敦经济学院（London School of Economics）的菲利普斯（A. W. H. Phillips）制造的液压机很好地证明了这一点。该机器代表了凯恩斯主义经济的循环流动模型。液压机的底部是一个水箱，代表了国民收入的水平，水箱里的水在流回水箱之前，会绕液压机流动，会有漏水，也会注入新的水。可以通过杠杆改变漏水和加水，以显示变化如何从税收、储蓄、政府开支、投资，以及进出口影响国民收入水平。因此，这台液压机表示技术专家的观点，即提供不断增长的国民收入只需要政府使用正确的杠杆即可。

2　需要指出的是，尽管非加速通货膨胀失业率（NAIRU）的概念与弗里德曼-菲尔普斯所说的自然失业率概念惊人地相似，但重要的区别在于，与自然失业率不同，非加速通货膨胀失业率并不是由劳动力市场的竞争力量运作决定的。此外，有人认为，弗里德曼对自然失业率的定义似乎具有与充分就业经济体相一致的特征（Trevithick, 1992, p.197）。

3　斯克勒潘蒂用"s形滞后"表示具有静止型通货膨胀的滞后，"m形滞后"表示具有移动性非加速通货膨胀失业率的滞后。

4　有关"局内人—局外人"模型的完整讨论，请参阅芬德贝克（Findbeck）和斯诺尔（Snower）（1986）、考鲁斯（Corruth）和欧斯瓦尔德（Oswald）（1987），以及芬德贝克（Findbeck）和斯诺尔（Snower）（1989）。

5　法沃厄（Favoie）（1996a & 1996b）按照卡莱斯基模型研究了这一方面。

12 公共部门

1 加尔布雷思（J.K.Galbraith）讨论民主国家时，提出了主流政党政策所针对的"满意的多数"的想法，因为是这些选民将确保政党当选。因此，那些没有从经济体系中受益的人的选票就是无效的，社会的这一部分人实际上被剥夺了权利。当选的政府有义务通过竞选纲领提供低税收，维护法律和秩序，以及进一步提高"满意的多数"的地位（Galbraith,1992）。

2 的确，英国工党的当选依靠大企业的青睐，大企业控制着大部分的媒体，在很大程度上，控制着公众舆论和主流思想。

3 高夫（Gough）批评了许多人，这些人忽略了工人阶级压力为工人带来的好处，以及政府在面临这种压力时为捍卫资本主义制度而做出的反应，他说福利国家的扩大代表着工人的真正利益（Gough,1979,pp.13-14）。

4 例如，马克思分析了《工厂法令》，并说明，如果竞争过程阻止资产阶级采取符合其阶级利益和个体利益的措施，为了资产阶级的整体利益进行干预就是国家的必要任务。就《工厂法令》而言，一个资本家减少工作时间会导致丧失竞争地位，其他资本家不会效仿，但集体减少工作时间将可能符合所有资本家的利益。

13 福利国家的危机

1 此外，1976年，英国石油公司的利润为1.84亿英镑，没有交税；力拓锌公司的利润为2.79亿英镑，没有交税；帝国集团利润为1.3亿英镑，交税900万英镑；GKN集团盈利9800万英镑，没有交税（Alford,1996,p.328）。

2 尽管"福利国家"这个词早已提出，但却是在报告发表之后被广泛使用的,贝弗里奇(Beveridge)不喜欢这个词,而是更中意"社会服务国家"这个词(Thane,1996,p.237)。

3 林贝克(Lindbeck)(1997)提出,长此以往,社会福利的存在将改变社会规范,人们会将福利当作权利,从而使得靠救济生活的羞耻感逐渐消失。

4 公共部门的净现金需求以前是公共部门的借款需求。

14 结论

1 这不是探讨无产阶级革命定义的适当媒介,民主社会主义者和社会主义革命者之间的争论,自20世纪初以来一直没有得到解决。然而,鉴于辩证法和唯物主义历史观,这种转变的方式是无法预测的,如果争论是建立在"革命"这个词的定义之上,那么我们必须记住,凯恩斯主义革命贯穿于资本主义的整个过程,货币主义革命紧随其后。从这个角度来看,革命代表了正统观念的变化,正统变化是由资本主义动态引发的经济环境变化所引起的。

2 引入的一些技术首先是使用劳动力的。例如,生产计算机的某个公司最初将雇佣工人,增加了就业人口。然而,计算机的应用意味着将取代银行业等领域的员工。因此,总体影响将是就业岗位的减少。

3 最近一段时间,与雇主发生争议的工人集体被失业工人取代的例子有好几起。在此类事件中,最引人注目的可能是位于伦敦东区瓦平(Wapping)的新闻国际集团的印刷工人和位于邓迪的天美时(Timex)公司的工人。

4 需要记住的是,英国官方公布的失业数据中,其失业的定义和数据收集方式都发生了巨大变化,其中绝大多数变化都会减少官方认定的失业人数。因此,人们可以辩称,失业率水平与劳动后备军规模之间差之甚远。

词汇表

抽象劳动

劳动力共有的品质和劳动力创造的价值。

加速器模型

这是一个假设，即投资水平将直接随产出变化率而变化。因此，它表示在各级产出上，投资将与产出变化率成正比。

总需求

一个经济体对商品和服务的总需求。

总供给

一个经济体中商品和服务的总供应量。

平衡增长

经济体中所有的主要经济总量都在以相同百分比随时间增长，出现这种情况是有可能的，但可能性极低。

资产阶级

在马克思主义的理论体系中，资产阶级是指资本主义中拥有生产资料的阶级。

布雷顿森林

1944年7月，二战中的同盟国在此地召开会议，创建了世界银行和国际货币基金组织，并确立了固定汇率制度，试图在战后稳定世界贸易体系。

资本品

从本质上讲，资本品是指在生产中所利用并自行生产的商品的存量。应该指出的是，在马克思的政治经济学中，这个术语也被用来表示有形资本的所有者。

流通资金

通常被称为营运资本，是库存和正在进行的生产中的部分资本。基本上是库存的原材料以及生产中使用的零部件。

商品

商品是通过市场交换来购买的货物或服务，因此，在资本主义制度下，劳动力和货币虽然不是资本主义生产的对象，但却是商品。

比较优势

比较优势理论认为，对于各经济体，能够以高于其他经济体的相对效率生产的那些货物和服务，应当出口，对于其他经济体能够以更高的相对效率生产的货物和服务，则应当进口。因此，各国应专注于自己具有比较优势的货物和服务。

不变资本

在生产中耗尽并增加到产品价值中的材料和机械的价值部分。

规模报酬不变

是指随着生产的扩大，货物的成本保持不变。

社团主义

工业资本家和工人代表参与国家决策，企图形成意见共识的过程。

折旧

资产因损耗而产生的价值降低。

劳动分工

工人专业化，其职能与生产过程的特定方面有关，而不是与整个过程都有关。

规模经济

由于总生产成本的增加低于相应比例的产出，故此产出提高，使得成本降低。

交换价值

在商品市场中，它是一组比率，其中的使用价值相互交换。

固定资本

用于生产货物所用的耐用品，如工厂和机器。

自由贸易

指没有关税和配额等国际贸易障碍的情况。

霸权

这指的是国家（或其他领导机构）对其公民的统治，特别是在普遍的思想和原则方面。

创新

引入新生产工艺或新产品，代表着研发的高潮。

国际货币基金组织

一个致力于通过向正在遭受严重国际收支困难的成员国提供贷款来稳定国际货币体系的组织，是作为布雷顿森林协议的一部分建立的。

劳动力

劳动力是资本主义生产方式中劳动者必须销售的商品，用更常见的话说，是从事劳动的能力。

马尔萨斯人口原则

托马斯·罗伯特·马尔萨斯（Thomas Robert Malthus）认为，人口以几何级数增长，食物供应量仅以算术级数上升，人口的增长速度将超过其生活资料增长的速度。结果是人类面临饥荒、疾病、战争和死亡。

边际学派

该学派通常关注的是通过为特定变量寻找最优价值来优化行为分析,例如个体消费者对效用的最大化、企业利润的最大化以及政策制定者对社会福利的最大化。

寡头垄断

是一种集中度很高的市场结构,使得少数企业在产出和就业中占很大比重。

资本有机构成

不变资本与可变资本的比率。

完全竞争

理论上的市场结构,假定有大量的买家和卖家,都有完整的信息,同质的产品,没有进入壁垒。结果是没有一个生产者能够设定产品的价格,所有生产者都是价格接受者,必须设定自己的产出水平以实现利润最大化。

原始积累

资本家获得生产资料所有权的历史过程。

保护主义

利用关税、配额等人为的贸易壁垒，降低进口产品进入经济体的水平，保护国内生产不受海外竞争的影响。

剥削率

剩余产品的价值与实际工资的价值之比。

萨伊定律

简单地说，"供给能够创造其本身的需求"。换句话说，生产出来的所有商品的价值总和总是等于购买的所有商品的价值总和。因此，必须要充分利用资源，因为如果需求或供应明显过剩，市场机制将确保消灭过剩。例如，根据萨伊定律，从长远来看，失业或生产过剩不可能存在。

简单商品生产

不同于资本主义的一种商品生产形式，在这种生产形式中劳动力不是商品，因为每个工人都拥有自己的生产资料，因此，商品就按照生产商品所需的劳动量进行交换。

社会必要劳动时间

假设使用现代机械，在平均技术水平和正常条件下生产商品所需的时间。

剩余产品

扣除实际工资、机械折旧成本和原材料更换成本后，剩下的产品。

剩余价值

剩余产品的价值。由劳动者创造但被资本家占有的价值。

使用价值

商品在满足人类需求方面的有用特性，由其物理特性赋予。

效用

在新古典理论中，是指从消费一定数量的商品中获得的个人满足或满意。这是一个心理概念，不能用绝对单位来衡量，尽管构建新古典理论的基础是假定它是可以测量的。假设认为消费者能够根据个人的喜欢或不喜欢商品数量进行排名，然后得出结论：一种商品组合比另一种商品组合具有"更大的效用"。

可变资本

指劳动力所代表的资本部分。

世界银行

世界银行是根据布雷顿森林协议成立的,最初的任务是在第二次世界大战之后帮助重建欧洲经济。

世贸组织

前身为关税与贸易总协定,是通过谈判减少贸易壁垒并执行协议的机构。